学校への手紙

J・クリシュナムルティ

古庄 高・訳

LETTERS TO THE SCHOOLS

Volume one

by J. Krishnamurti

Japanese translation published
by arrangement with
Krishnamurti Foundation Trust Ltd.
through The English Agency (Japan) Ltd.

Further information about Brockwood Park School,
the Krishnamurti Study Center,
and other publications may be obtained
by writing to the Krishnamurti Foundation Trust Ltd.
E-mail: info@kfoundation.org
Website: www.kfoundation.org

はじめに

これらの手紙は、少し時間のあるときにざっと目を通すためのものではありません。また、娯楽のためのものでもありません。真摯な気持ちで書きましたから、読もうとするときには、述べられていることをよく調べるようにして読んでください。花を調べるとき、その花びら、柄、色、香り、美しさなどを、注意深く見るようにです。これらの手紙は、それと同じように、よく吟味されなくてはなりません。朝読んで、その日のうちに忘れてしまうような読みかたではいけません。時間をかけてとりくみ、問い、ただ受け入れるのではなく、探求するのです。しばらくのあいだ、そのことを生きるのです。書かれていることが、手紙を書いた私のものではなく、読むあなたのものになるまで、じっくりと味わってみてください。

クリシュナムルティ

学校への手紙

1st September 1978

　私はインドにあるすべての学校、イングランドのブロックウッド校、カリフォルニアのオハイ渓谷にあるオーク・グローヴ校とのかかわりをもち続けたいと思っています。そこで、できる限り長い期間、これらの学校にあてて二週間ごとに手紙を書いてお送りしたいと考えています。これらの学校すべてと個人的にかかわることは困難ですので、こうして手紙をお送りしたいのです。そうすれば「学校がどうあるべきか」についてお伝えできますし、学校に責任をもっている方々全員に、「学校が単に学問的な意味で優れているばかりでなく、それ以上のものでなければならない」ということをお伝えできることでしょう。

　これらの学校は、人間全体を培うことに関心をもたなくてはなりません。その教育センターは、生徒と教育者とが自然に開花するように、手助けしなければなりません。

〈開花〉というのは、本当に大切なことです。そうでなければ、教育は経歴やある種の職業を目的とした機械的な過程になってしまいます。現在あるような社会では、経歴と職業は避けられないものです。もし私たちがそのことばかりを強調しますと、開花する自由がしだいに衰えてしまいます。

試験やよい学位を得ることを、私たちはあまりに強調しすぎています。私たちの学校が設立された主な目的はそうではありません。だからといって、私たちの学校の生徒が学問的に劣るということではありません。生徒のみならず教師も開花することで、経歴と職業とが、その正しい場所を与えられるのです。反対に、私たちが生きている社会や文化は、生徒が仕事や物質的安定を目指すように促します。これはあらゆる社会のもつ絶え間ないプレッシャーです。経歴が第一で、他のことはすべて二の次なのです。つまり、お金が第一で、日常生活の入り組んだ事がらは二の次です。

私たちは、この順番を逆にしようとしています。なぜなら、人間はお金だけでは幸せではありえないからです。お金が人生で支配的な要因になってしまえば、日常の活動がアンバランスになります。ですから、できることならすべての教育者たちにこのことを真剣に理解していただき、その意味するところを十分に分かっていただきたいのです。教育者がこのことの重要性を理解して、自分自身の人生において経歴に適切な場所を与えるならば、両親や社会によって「経歴をもつことがもっとも重要なことだ」と強いられている生徒を、助けてあげることができるでしょう。

ですから最初の手紙でこの点を強調して、これらの学校においてはどんな時でも〈全体的な

〈人間〉を培うような生きかたを支持したいと思います。

私たちの教育のほとんどは知識の獲得ですから、それは私たちをますます機械的にします。獲得している知識が科学的、哲学的、宗教的、実業的、技術的などどんな知識であっても、私たちの精神は、細い溝に沿って機能しているようなものなのです。家庭の内外での私たちの生きかた、および特定の職業への専門化は、精神をますます狭く、限られた、不完全なものにしています。

こうしたことはすべて機械的な生きかた、ならびに精神の標準化をもたらし、たとえ民主主義の国家であっても、「私たちが何になるべきか」ということをしだいに国家が命令するようになるのです。もっとも思慮深い人たちは、このことに当然気づいています。けれども残念なことですがそのことを受け入れて暮らしているようです。したがってこのことは、自由を脅かすものになっています。

自由とはたいへん複雑な問題であり、その複雑さを理解するためには、精神の開花が必要です。〈人間の開花〉について定義するときには、人はそれぞれ異なった定義をします。その人の文化、その人のいわゆる教育、経験、宗教的迷信、すなわちその人の条件づけに基づいて定義づけるからです。ここでは精神の開花について、見解や偏見を扱っているのではありません。

精神の開花の意味や結果についての、〈言葉によらない理解〉を扱っているのです。この〈開花〉というのは、精神や心情や身体の健全さが全体的に開かれ、培われることです。つまり、精神と心情と身体とのあいだにどのような対立も矛盾もない、完全な調和のなかに生きるということです。客観的で、個人的ではない、どのような負荷もない澄みきった知覚があってはじめて、精神が開花するのです。それは「何を考えるか」ということではなく、「どのように明晰に考えるか」ということです。

私たちは何世紀もの間、プロパガンダなどによって、「何を考えるか」ということを促されてきました。現代の教育もほとんど同じで、思考の全体の動きを探求するものではありません。開花は、自由を意味します。それは植物と同じように、成長する自由を必要とします。

〈精神の開花〉について、さまざまなかたちで、取り組みたいと思います。また、〈心情の目覚め〉についても取り上げます。それは感傷的なことでもなければ、ロマンティックな、空想的なことでもありません。愛情や愛から生まれる〈善性〉の目覚めです。そしてさらに身体を育むこと、つまり正しい食事、適度な運動について取り上げます。それが深い感受性をもたらすでしょう。この三つ、すなわち精神、心情、身体が完全に調和すれば、開花は自然に、容易に、そしてすぐれたかたちで、実現するでしょう。それが私たちの教育者としての仕事であり、責任です。ですから、〈教える〉ということは、生のなかでもっとも素晴らしい職業なのです。

15th September
1978

〈善性〉は自由のなかでのみ開花することができます。どのようなかたちであっても、説得の土壌や強制のもとでは花開くことはありません。またそれは報酬の結果でもありません。どのような種類のものであっても、模倣や適合があるとしたら、善性は姿を現わしません。また当然のことですが、恐怖のあるところにも、それは存在できません。善性は行動にあらわれますが、その行動は感受性に基づいています。この善性は、行為にもあらわれます。

思考の動き全体は、善ではありません。思考はとても複雑ですが、理解されなくてはなりません。その理解こそが、思考にそれ自体の限界を自覚させるのです。

善にはどのような対立もありません。たいていの人は善を〈悪〉や〈悪事〉に対立するものと考えています。またあらゆる文化においても、歴史的にずっと、善性は粗暴さとは別の面だと思われてきました。ですから人は〈善〉であろうとして、いつも〈悪〉と戦ってきました。しかしどんなかたちであっても、暴力や争いのあるところでは、善が生まれることはありえません。

善性は行動や行為において、そして関係においてあらわれます。一般的に私たちの日常の行動は、機械的な、皮相的なパターンに追従するか、あるいは報酬や罰に基づく、とても入念に考え抜かれた動機に従っています。ですから私たちの行動は、意識的にせよ無意識的にせよ、計算されたものとなっています。これは善の行動ではありません。このことを実感するならば、つまり単に知的に分かる、言葉を並べて分かるというのではなく、実感できるならば、この全面的な否定から、真の行動が起こります。

善の行動には本質的に、自我、すなわち〈私〉がありません。それは礼儀正しさや他の人に対する思いやりのなかに、清廉さを失うことのない柔軟性のなかに、あらわれます。ですから行動は、途方もなく大切になります。行動は、あっさり片づけることのできるような気軽な出来事ではありません。高尚な精神の遊び道具でもありません。行動はあなた方の存在の深みから生じるものであり、あなた方の毎日の生活の重要部分なのです。

善性は行為にあらわれます。私たちは行為と行動とを区別しなければなりません。おそらくこの両者は同じものなのでしょうが、はっきりさせるためには、分けて検討しなければなりません。正しく行為することは、もっとも困難な行ないのひとつです。それは大変複雑ですので、焦らないで、また何らかの結論に飛躍しないで、とても綿密に検討しなければなりません。

日常生活では、行為は過去からの連続した動きですが、たまに新しい一連の結論によって行為が変わることもあります。すると、これらの結論は過去のものとなり、今度はそれに従って行為します。人は、〈先入観〉や〈理想〉に従って行為します。ですから、人はいつも〈蓄積された知識〉から行為するわけですが、蓄積された知識は〈過去〉のものです。あるいはまた、人は理想的な〈未来〉、すなわちユートピアを拠り所にして行為します。

私たちはそのような行為を、正常なものとして受け入れます。しかし本当にそうなのでしょうか？

私たちは行為がなされたあとで、あるいは行為する前に、行為について問います。けれどもこの問いかけは、〈あらかじめもっている結論〉に、あるいは〈未来の報酬や罰〉に基づいたものでしかありません。つまり、「これをすればあれを手に入れられるだろう」などといったものです。それだからこそここで、受け入れられている行為の観念全体について、問うているのです。

行為は、知識や経験を蓄積した後で、行なわれます。あるいは、私たちはまず行為し、その行為から「楽しい」とか「不愉快」だとかを学びます。そしてこの学習が、再び知識の蓄積になります。したがって、このどちらの行為も、共に知識に基づいているのであり、両者に違いはないのです。知識はいつも過去であり、私たちの行為はいつも機械的なのです。

機械的でない、繰り返しでない、型にはまっていない、したがって後悔のない行為はあるのでしょうか？　自由があり、善性が開花するところ、行為が機械的になりえないところについて理解することは、本当に重要です。

書くことは機械的です。言語を学ぶこと、車を運転することも機械的です。どのような種類であっても、技術的な知識を獲得すること、そしてその知識に従って行為することは機械的です。また、この機械的な活動のなかに中断があるかもしれず、その中断においてひとつの新しい結論がつくられるかもしれません。けれどもそれは再び機械的になるのです。

「善の美しさにとって、自由こそその本質である」ということを、絶えず心に留めておかなければなりません。機械的でない行為はあるのです。しかしそれはあなた方が発見しなければなりません。それについて教えてもらうことも、指導してもらうこともできません。いろいろな例から学ぶこともできないのです。というのも、それでは模倣や適合になってしまうからです。そうなると完全に自由を失うことになり、どのような善も存在しません。

この手紙はこれで十分だと思いますが、関係における善性の開花については、次の手紙で続けていきましょう。

1st October 1978

あらゆる人間関係における善性の開花について、続けたいと思います。もっとも親密な関係や表面的な関係における、あるいはふつうの日常的な事態における、善性の開花についてです。他の人間との関係は、人生でもっとも重要なことのひとつです。たいていの人は、他の人との関係にあまり真剣ではありません。それというのも私たちはまず、自分自身に関心をもっているのであり、都合のよいときや、満足を得られるとき、感覚的に喜ばしいときにだけ、自分以外のものに関心を抱くからです。私たちは関係を、言ってみれば遠くから扱っているだけで、私たちがそのなかにそっくり含まれてしまっているものとしては、扱っていません。

私たちはめったに自分自身を他の人に示そうとはしませんが、それは自分のことを十分には気づいていないからなのです。そして人間関係のなかで私たちが他の人に示すのは、所有欲が強く、支配的なものか、あるいは追従的なものでしかありません。〈他の人〉と〈私〉とがあるのであり、この二つの別々の存在は、死に至るまで分裂したままです。他の人もまた自分自身のことに関心をもっていますので、この分裂は生涯続きます。もちろん人は、同情や愛情や一般的な励ましを示しますが、この分裂した状態はそのままです。このことから、相容れないこと、すなわち各自の性分や欲望の主張が、生じます。そこには恐怖と懐柔とがあります。性的な結合はあるかもしれませんが、〈あなた〉と〈私〉のこの独特な、ほとんど静止状態の関係は、そのままです。けんか、傷つけ合い、嫉妬、あらゆる苦しみが、そこに含まれています。ところがこうした関係はすべて、次第に〈よい関係〉とみなされるようになります。

では、こうしたあらゆる関係のなかで、善性は開花できるでしょうか？　関係こそ生そのものであり、なんらかの関係がなければ、人は存在できません。隠遁者や修道僧は、いくら世界から引きこもっていても、世界とのかかわりを持ち続けています。彼らはこのことを否定し、抑えつけ、自分自身をこじつけて解釈するかもしれませんが、しかしそれでも隠遁者や修道僧は、世界とのなんらかの関係を残しています。なぜなら彼らは、何千年にもわたる伝統や迷信の結果なのであり、人間が数千年の間に蓄積したあらゆる知識の結果だからです。そのすべてから逃れる道などありません。

教育者と生徒との間にも関係があります。教師は知りつつ、あるいは知らず知らずのうちに、この意味での〈優位性〉を主張するのでしょうか？　いつも教壇の上に立ち、生徒が「自分は教えられなければならない下位の者なのだ」と感じるようにするのでしょうか？　明らかに、そのようなところにはいかなる関係もありません。そこから生徒の側に恐怖、プレッシャー、緊張感が生まれます。その結果、生徒は若いときから、この優位性の資質を学び、「自分は軽く見られているのだ」と感じるようにされてしまいます。そして一生を通じて、彼は攻撃的になるか、あるいは絶えず従順で追従的になるのです。

学校は、教育者と教育される者とが共に学ぶ〈閑暇の場所〉です。〈学ぶ〉ということが、学校の中心的な事がらです。〈閑暇《レジャー》〉という言葉で、「自分だけの時間をもつ」ということを言っているのではありません。それも必要なことでしょうが。閑暇は、本を持って木の下に座り、あるいは寝室の中で、気軽に読むことではありません。それは精神の穏やかな状態を意味するわけでもありません。また、「怠惰である」とか、「空想にふけって時間を費やすこと」を意味しているのでもありません。〈閑暇〉とは、「何らかの事がら、問題、楽しみ、感覚的な快楽などによって、絶えず占領されてはいない精神」を意味します。閑暇は、「自分の回りや自分自身の内面で起こっていることを観察するために、多くの時間をもっている精神」のことです。よく聞き、はっきりと見るだけの閑暇をもっている精神のことです。閑暇は自由を意味するのですが、自由は次第に「自分がしたいようにすること」と解釈されるようになってきました。そうした解釈は、いずれにしても人間がやっていることであり、多くの災い、悲惨さ、混乱をひき起こしています。閑暇は〈静かな精神〉を意味しており、どのような動機づけも、またどのような方向づけもないことです。それが閑暇であり、精神が学ぶことができるのはこの状態にあるときだけなのです。精神が学ぶ内容は科学、歴史、数学ばかりではなく、自分自身についても学びます。そして自分自身について学ぶことができるのは、〈関係〉のなかにおいてです。

こうしたことをすべて、私たちの学校で教えることができるでしょうか？　それともそれは、それについて読んだり、記憶したり、あるいは忘れたりするような事がらなのでしょうか？　しかし教える者と教えられる者とが、〈関係〉の途方もない重要性を本当に理解するなら、彼らは彼ら同士の間の正しい関係を、学校で打ちたてることになります。このことは教育の本質的な部分であり、学問的な教科を単に教えることよりも大事なことです。

〈関係〉は多大の〈叡知〉を必要とします。それは本のなかで手に入れたり、人から教えてもらったりできるものではありません。多くの経験が蓄積された結果ではないのです。知識は叡知ではありません。叡知は知識を用いることができます。知識は便利で、機知に富み、実用的であるかもしれませんが、叡知ではありません。叡知は、関係全体の本質と構造とが見いだされるときに、自然に、そして容易にあらわれます。閑暇の状態にあることが重要なのは、このためです。男性あるいは女性、教師あるいは生徒は、閑暇であるからこそ、彼らの関係について静かに、そして真剣に話し合えるのです。彼らの関係のなかにおいてこそ、彼らの現実の反応や感情や障害が発見されるのです。関係のなかの反応や感情や障害は、お互いを喜ばせるために想像されたり、こじつけられたりするものではなく、また相手を懐柔するために抑制されるものでもありません。

　生徒が叡知に目覚めるように、また、正しい関係がきわめて重要であることを学ぶように手助けすることは、疑いなく学校の役割です。

たいていの人は、単に言葉の明晰さを討議するために、多大の時間を費やしますが、言葉を超えた深さや内容をつかんではいないように思われます。言葉の明晰さを捜し求めて、彼らは自らの精神を機械的にし、自らの生を皮相的で、しばしば矛盾したものにしています。これらの手紙では、〈言葉による理解〉に関心をもつのではなく、〈生の日常的な事実〉に関心を向けたいと思います。事実についての〈言葉のうえでの説明〉ではなくて、〈事実そのもの〉というのが、これらのすべての手紙の中心的な事がらです。

私たちが言葉の明晰さに、それゆえ観念の明晰さに関心を向ける限り、私たちの日常的な生は概念的なものになってしまい、事実ではないものになります。あらゆる理論、原理、理想は、概念的です。概念というのは、ごまかしや偽善や幻想である可能性があります。人は概念や理想をいくらでももつことができますが、それらは生活の日常的な出来事とはまったく何の関係もないのです。

人々は理想に育まれています。空想的であればあるほど、彼らは高尚だと見なされます。しかし、繰り返しますが、日常の出来事を理解することのほうが、理想よりもはるかに重要です。もし人の精神が、概念や理想などによって混乱しているならば、事実や現実の出来事に直面することはありえないでしょう。概念は障害になってしまいます。このことがすべてはっきりと理解されるならば――知的な理解、概念的な理解ではありません――、事実や現実や〈今のこと〉に直面することのきわだった重要性が、教育の中心的要因になるでしょう。

政治は、概念に基づいた、ある種の全世界的な病です。宗教はロマンティックで想像的な感情主義です。現実に何が起こっているかを観察するならば、政治や宗教はすべて、概念的な思考が指示するものであり、それは生の日々の悲惨さや混乱や悲しみからの逃避でしかありません。

善性は、恐怖の及んでいる場では開花できません。実にさまざまな恐怖が、直接的な恐怖や未来への多くの恐怖があります。恐怖は概念ではありません。しかし恐怖についての説明は概念的ですし、その説明は学者によって、あるいは知識人によってそれぞれ異なります。説明は重要ではありません。〈あるがまま〉が重要なのであり、恐怖という事実に直面することが重要です。

私たちのすべての学校で、教育者、および生徒に対して責任がある者は、教室であろうと運動場であろうと、あるいは生徒の部屋であろうと、どのようなかたちの恐怖も生じないように気をくばる責任があります。教育者は生徒のなかに恐怖を呼び起こしてはなりません。これは概念的なことではありません。なぜなら教育者自身、単に言葉のうえばかりでなく、「恐怖はそれがいかなるかたちのものであっても、精神を活動不能にし、感受性を破壊し、感覚を縮めてしまう」ということを理解するからです。恐怖は、人間がいつも背負っているずっしりとした重荷です。この恐怖から、宗教的迷信、科学的迷信、想像上の迷信など、さまざまなかたちの迷信が生まれます。人は虚構的な世界に生きており、概念的な世界の核心は恐怖から生まれるのです。

先に、「人間は関係なしには生きられない」と述べました。そしてこの関係は、単にその人自身の私的な生活の関係ばかりではありません。もしその人が教育者であるのなら、彼は生徒との直接的な関係をもっています。もしこの関係のなかになんらかの恐怖があるのでしたら、教師は生徒がその恐怖から解放されるのを助けたりできないでしょう。

恐怖、権威、あらゆる種類の架空の印象や実際の印象、さらにプレッシャーなどをバックグラウンドにして、生徒はやって来ます。教育者もまた、自分のプレッシャーや恐怖をもっています。もし自分の恐怖の根源を、教師自身が明らかにしていなければ、彼は恐怖の本質を理解することはできないでしょう。このことは、「生徒が恐怖から解放されるのを助けるためには、教師自身がまず、自分の恐怖から解放されていなければならない」ということではありません。

むしろ生徒達との日常の関係において、会話や教室のなかで、教師が「自分もまた生徒と同じように恐れている。だからこそ一緒に恐怖の本質および構造の全体を探求できるのだ」と指摘することです。「それは教師の側の〈懺悔〉なのではない」ということが指摘されねばなりません。教師はただ、いかなる感情的な強調や個人的な強調もせずに、〈事実〉を述べているのです。それは、良い友達同士の間で会話することと似ています。そのためには、ある誠実さと謙虚さが必要です。謙虚さは卑屈とは違います。謙虚さは敗北主義の気持ちではありません。謙虚さには傲慢もプライドもありません。ですから教師はものすごい責任を負っているのです。なぜならその責任は、あらゆる職業のなかでも、もっとも重大なものだからです。

教師は新しい世代を世界に送り出すわけですが、それは概念ではなくて事実です。あなた方は事実についての概念をつくり出し、その結果、概念のなかで迷ってしまうかもしれませんが、現実はいつもそのまま残っています。現実や現在のことや恐怖に直面することが、教育者の最高の役割です。すなわち単に学問的に優秀にするばかりではないのです。はるかにもっと重要なことは、生徒と教育者自身に、心理的な自由を生み出すことです。自由の本質が理解されるならば、そのときあなた方は、運動場においても教室においても、あらゆる競争を取り除くでしょう。学業的評価であっても道徳的評価であっても、互いを比較して評価することを除外できるでしょうか？　生徒が学問の分野で競争的には考えないように、それでいて勉強や活動や日常生活において卓越するように、彼らを援助することは可能でしょうか？　どうか「私たちは善性の開花に関心をもっているのだ」ということを、心に留めておいてください。

善性はおそらく、どのような類いの競争であろうと、競争があるところでは開花できません。競争は比較があるときにのみ存在しますが、比較が卓越性をもたらすことはありません。私たちの学校は基本的に、生徒と教師の双方の善性が開花するのを援助するために、在るのです。善性の開花には、行動や行為や関係における卓越性を必要とします。それが私たちの意図するところですし、これらの学校が設立された理由です。つまり、出世第一主義者を送り出すのではなくて、〈魂の卓越性〉を生み出すためなのです。

次の手紙では、恐怖の本質について、すなわち〈恐怖という言葉〉ではなく、〈現実に起こっている恐怖〉について、述べたいと思います。

1st November
1978

〈知識〉が〈叡知〉に導くことはありません。私たちは多くのことについて、莫大な知識を蓄積しますが、〈学んできたことについての叡知に満ちた行為〉は、ほとんど不可能なように思えます。学校やカレッジや大学では、人間の行動について、万物について、科学やあらゆるかたちの技術的な情報について、知識を培ってくれます。ですがこうした教育センターは、人間が卓越した日常生活を送れるように助けてくれることはほとんどありません。学者たちは「人間は情報と知識の膨大な蓄積によってのみ、発展できる」と主張します。人間は何千回もの戦争を経験してきました。人間は殺害方法について、多くの知識を蓄積しましたが、その知識こそ、あらゆる戦争を終わらせることをむしろ妨げているのです。

私たちは、戦争をひとつの生きかたとして、また、あらゆる残忍な行為や暴力や殺害を生活の普通の手段として、受け入れています。私たちは「他の人を殺すべきではない」ということを、よく知っています。知ってはいても、殺すという事実とはまったく無関係です。「殺すべきではない」という知識はあっても、それが動物や地球を殺すことをやめさせるわけではありません。知識が、首尾よく叡知的に機能するということはないのです。ただ叡知が、知識を用いて、機能することができるだけです。知識があっても、「知識は私たち人間の問題を解決できない」という事実は知らないのであり、その事実の理解こそ、叡知なのです。

私たちの学校の教育は、知識の獲得ばかりではなく、はるかにもっと重要なこと、すなわち「知識を役立たせる叡知を目覚めさせること」です。その逆ではありません。〈叡知の覚醒〉こそ、すべてのこれらの学校の関心事なのですが、そこで必然的に「ではどうやって、この叡知を目覚めさせるのか?」という問いが生じます。「そのためのシステム、方法、実践は何なのか?」という問いです。この質問は、「その人がなおも知識の領域で職分を果たそうとしている」ということを意味しています。「その質問は間違っている」と気づくことが、叡知の覚醒の始まりなのです。日常生活において、実践や方法やシステムは、型にはまった事がら、繰り返しの行為、機械的な精神へと向かわせます。知識の絶え間ない運動は、それがどんなに専門的知識であろうとも、精神を溝のなかへ、狭い生きかたへ押し込んでしまいます。知識のこの構造全体を観察し理解することを学ぶことが、叡知の覚醒の始まりです。

私たちの精神は〈伝統〉のなかに生きています。〈伝統〉という言葉の意味、つまり「後世に伝えること」こそ、叡知を否定しています。政治的伝統であろうと宗教的伝統であろうと、あるいは自分でつくりあげた伝統であろうと、伝統に従うことは安易で気楽です。伝統に従えば、それについて考える必要もありませんし、問題にすることもありません。受け入れ、そして従うことが、伝統の本質的部分です。文化が古ければ古いほど、精神は過去に縛られ、過去のなかで生きることになります。ひとつの伝統を壊すことは、必然的に他の別の伝統を負うことになってしまいます。その背後に何世紀にもおよぶ特別の伝統をもった精神は、古い伝統を捨てることができません。同じように満足を与え、安定を保証する別の伝統があるときにだけ、古い伝統を捨てるのです。宗教的伝統から学問的伝統にいたるまで、伝統にはさまざまなかたちがありますが、いずれも叡知を否定するに違いありません。叡知は無限です。知識は、いかに膨大ではあっても、伝統と同じく有限です。私たちの学校では、〈精神によって習慣を形成するメカニズム〉が観察されなければなりません。この観察において、叡知を生き返らせることができるのです。

恐怖を受け入れることは、人間の伝統の本質的部分です。古い世代も若い世代も、恐怖を抱きながら生きています。たいていの人は、自分が恐怖のなかに生きていることに、気づいていません。この永続的な恐怖に気づくのは、ちょっとした危機や圧倒されるような事件のときだけです。恐怖はそこにあります。恐怖に気づいている人たちもいますが、それを避けている人もいます。伝統は「恐怖を制御しなさい、恐怖から逃げなさい、恐怖を抑制し、分析しなさい、恐怖に従って行動しなさい、恐怖を受け入れなさい」などと、指示します。私たちは何千年ものあいだ、恐怖を抱えて生きてきました。そしてなんとか恐怖と折り合いをつけてきたのです。恐怖に従って行動すること、それから逃げること、あるいは感傷的にそれを受け入れ、それを解決するためになにか外の機関に期待すること、これが伝統の本質です。宗教はこの恐怖から発生します。政治家たちを権力に駆り立てずにはおかない衝動も、この恐怖から生まれるのです。どんなかたちであっても、他の人を支配しようとすることは、恐怖の本質です。男性でも女性でも他の人を所有しようとするならば、その背後には恐怖があるのであり、この恐怖はどのようなかたちの〈関係〉をも破壊してしまいます。

生徒がこの恐怖に直面するのを援助するのが、教育者の役割です。その恐怖は、両親や教師や年長者への恐怖、ひとりであることの恐怖、あるいは自然への恐怖であるかもしれません。恐怖に直面することが、恐怖の本質や構造を理解するうえでもっとも重要です。

言葉のスクリーンを通して直面するのではなく、恐怖から離れるようないかなる動きもせずに、〈恐怖の出来事そのもの〉を観察するのです。事実から離れようとする動きは、事実を混乱させてしまいます。恐怖についての私たちの伝統や教育は、その統制、受け入れ、否定、あるいは巧妙な合理化を奨励しています。

教師としてあなた方は、生徒やあなた方自身が、生のなかで起こるあらゆる問題に直面するように、援助できますか？　学ぶことにおいては、教える者と教えられる者の区別はなく、ただ学習があるだけです。恐怖の動き全体を学ぶためには、好奇心をもって恐怖に向かわなければなりません。好奇心はそれ自体の活力をもっているものです。〈好奇心に満ちた子ども〉に見られるように、好奇心には強さがあります。

理解できないものを征服し、それに打ち勝ち、それを踏みつけ、あるいはそれを崇拝しようとするのは、伝統のとる道です。伝統は知識であり、知識の終焉が叡知の誕生です。

さて、「教える者と教えられる者との区別はなく、大人と生徒とにただ学習の行為があるのだ」ということが分かったわけですが、では起こっている事がらを直接に知覚することで、人は、この恐怖や恐怖にまつわることをすべて、学べるのでしょうか？

恐怖がその古くからの事情を語るようにさせておけば、できるのです。恐怖が語ることを注意深く、邪魔をしないで、聞いてごらんなさい。恐怖は、あなた自身の恐怖の由来を、あなたに語っているのです。あなたがそうやって耳を傾けるなら、「この恐怖は自分と別のものではない」ということに気づくでしょう。〈あなた〉がその〈恐怖〉なのであり、〈恐怖という言葉で表わされている反応〉に他ならないのです。言葉は重要ではありません。言葉は知識であり、伝統です。現実のこと、起こっている現在は、何かまったく新しいことです。あなた自身の恐怖の新しさに気づくことです。どんな思考も働かせることなしに、恐怖という事実に直面することが、恐怖を終わらせます。何か特定の恐怖ではなく、まさに恐怖の根源が、この観察のなかで崩壊します。観察する者はいません。ただ観察があるだけです。

恐怖はとても複雑な事がらであり、この辺りの丘陵と同じくらいに古く、人類と同じほど古くからのものです。恐怖には、語るべき途方もない物語があるのです。ですがあなた方は、その物語を聞く〈術《アート》〉を知らなければなりません。そしてその聞くことのなかに、崇高な美しさがあります。聞くということだけがあります。話は存在しません。

15th November 1978

〈責任〉という言葉は、その言葉のすべての意味において、理解されなければなりません。〈責任 responsibility〉という言葉は、〈応答する respond〉から来ていますが、〈応答〉というのは部分的な応答ではなく、全体的な応答です。その言葉はまた、その背後への注目、つまりあなたのバックグラウンドに対する応答を含んでいます。それはあなたの条件づけにまで戻って注意を向けることです。

次第に理解されると思いますが、〈責任〉は人間の条件づけに対する行為です。それが自国のものであろうと外国のものであろうと、人間の文化、および人間がそこで生活する社会は、自然に精神を条件づけます。このバックグラウンドから、人は応答します。そしてこの応答は、私たちの責任を限定します。

もしその人がインドやヨーロッパやアメリカで、あるいはその他の場所で生まれたのであれば、彼の応答は宗教的迷信——どんな宗教も迷信的な構造をしています——、ナショナリズム、科学的理論などに従ったものになるでしょう。それらは人の応答を条件づけます。応答はいつも限定され、限界をもっています。したがって、いつも矛盾や葛藤や混乱があるのです。これは避けられないことであり、人類のあいだに分裂をもたらします。どんなかたちであっても、分裂は葛藤と暴力ばかりでなく、最後には戦争をもたらすに違いありません。

〈責任がある〉という言葉の実際の意味と、世界で今日起こっていることを理解すれば、「〈責任〉は〈無責任〉になってしまった」ということが分かるでしょう。「なにが無責任であるか」を理解することで、私たちは「なにが責任であるのか」を把握し始めるでしょう。責任は、その言葉が意味するように〈全体に対する責任〉であり、自分自身、自分の家族、いくつかの概念、あるいは信念に対する責任なのではありません。〈人類全体に対する責任〉です。

私たちのさまざまな文化は、個人主義と呼ばれる個人の分離性を強調してきました。個人主義は、それぞれの人が自分の欲するように振る舞う結果になっています。また、彼の才能が社会にとってどれほど有益で役立つものであるにしても、その人自身の特定の小さな才能に縛られる結果になっています。このことは、全体主義者たちが人々に信じさせたがっていること、つまり、「ただ国家と国家を代表する権威者だけが重要であり、人類は重要ではないのだ」というようなことを、意味しているわけではありません。国家というのは概念です。しかし国家のなかに住んでいる人間は、概念ではありません。恐怖は現実であり、概念ではありません。

ひとりの人間は、心理的には〈人類全体〉です。彼は人類全体を代表しているばかりではなく、ヒトという種の全体なのです。彼は本質的に、人類の全精神です。この現実に対して、さまざまな文化は、「人間はそれぞれ別々である」という迷妄を押しつけてきました。人類は何世紀ものあいだこの迷妄にとらわれて、ついにこの迷妄が事実になってしまいました。もし人が、自分の心理的構造の全体を綿密に観察するならば、「自分が苦しむときには、全人類もさまざまな程度に苦しむのだ」ということが分かるでしょう。もしあなたが孤独であるなら、全人類はその孤独を知っています。苦悶、嫉妬、羨望、恐怖などは、みんなにも分かっています。ですから心理的、内面的には、人間は他の人間と同じなのです。

肉体的、生物学的な違いはあるでしょう。ある人は背が高く、ある人は背が低いなどということはあるでしょう。ですが基本的にひとりの人間は、全人類の代表です。したがって心理的には、「あなたは世界」なのです。あなたは全人類に対して責任があるのであって、〈ひとりの分離した人間としてのあなた自身〉に対してではありません。分離した人間というのは、心理的な迷妄です。ヒトという種全体の代表として、あなたの応答は全体であり、部分的ではありません。

それゆえ責任は、まったく異なった意味をもっているのです。人間は、この責任の〈術《アート》〉を学ばなければなりません。「心理的には、人は世界である」ということの完全な意義をつかむならば、責任は〈抗しがたい愛〉になります。そうすれば人は、単に幼少期の子どもを世話するばかりでなく、「その子は彼の一生を通じて、責任の意義を理解するのだ」ということが、分かるでしょう。この術には行動、その人の考えかた、正しい行為の重要性が含まれています。私たちの学校では、地球や自然やお互いに対する責任ということも、教育の本質的部分です。学問的な教科は必要ではありますが、単にそれらを強調するだけではありません。

そこで「教師が教えるとは何であるのか？」「生徒が受け取っているのは何であるのか？」あるいはもっと広く「学ぶとは何であるのか？」について問うことができるでしょう。教育者の役割は何でしょうか？　単に代数や物理学を教えることなのでしょうか、それとも生徒のなかに、そして教育者自身のなかに、この責任の並外れた感覚を目覚めさせることなのでしょうか？　その二つは一緒にはできないのでしょうか？　すなわち、経歴のために助けになる学問的な教科と、人類全体および生活全体に対する責任とを、一緒にはできないでしょうか？　それとも、その二つは別々のままなのでしょうか？

もしそれらが別々であるのなら、その人の生活のなかで矛盾が起こるでしょう。その人は偽善者になって、無意識的にであろうと意図的にであろうと、彼の生活を二つの明確な区画のままにしておくでしょう。人類はこの分裂のなかに生きています。家ではひとつの顔をして、工場や事務所では別の顔をするのです。先ほど、「その二つが一緒に進めないものだろうか」と尋ねました。それは可能でしょうか？　この種の問いがなされるときには、それが可能かどうかよりも、その問いの含意について調べてみなければなりません。ですから「この問いにどのように取り組むのか」ということが、本当になによりも重要です。条件づけはどのようなものであっても限定されていますから、もしあなたが、あなたの限られたバックグラウンドから取り組むのでしたら、この問いのすべての含意について、部分的な把握しかできないでしょう。

ですから新たに、この問いに取り組まなければなりません。そうすれば〈問いそのものの無益さ〉を見出すでしょう。なぜなら、あなたが改めて取り組むときには、「ちょうど二つの小川の流れが一つの大きな川になるように、これらの二つが一つになるのだ」と分かるからです。その一つになったものこそ、あなたの生であり、全体的な責任を有する日々の生活なのです。「あらゆる職業のうち、教師には最も偉大なものがある」ということを実感しつつ、あなた方はこうしたことを教えているでしょうか？　このことは単なる言葉ではなく、いつまでも変わることのない現実です。あっさり片付けるようなことではありません。もしあなた方が、「このことは真実だ」と感じないのであれば、あなた方は実は教師以外の職業につくべきです。そしてあなた方は、人類が人類自身のためにつくり出した迷妄のなかに生きることになるでしょう。

したがって私たちはもう一度問うことができます。「あなた方は何を教えているのでしょうか？」そして「生徒は何を学んでいるのでしょうか？」と。あなた方は、実際の学習がそこで行なわれる、あの不思議な雰囲気をつくり出していますか？　もしあなた方が、責任の大きさと美しさとを理解するのであれば、あなた方は生徒に対して、全面的な責任を負うことになります。すなわち、生徒が身につけるもの、食べるもの、生徒が話をするときのマナーなどに対する、全面的な責任です。

この問いから、「学習とは何か？」という別の問いが生じます。おそらくたいていい人は、そのような問いを発したことはないでしょう。もしあったとしても、わたしたちの応答は伝統によるものでしかありませんでした。つまり「学習とは、蓄積された知識、私たちの日常生活の資を稼ぐための技能を伴う知識、あるいは技能を伴わない知識である」というわけです。人がずっと教わってきたのはそのような学習であり、そのような学習のために普通のあらゆる学校、カレッジ、大学などが存在するのです。知識が支配しているのです。知識は私たちのもっとも重要な条件づけのひとつです。ですから脳は〈既知のこと〉から決して自由ではないのです。脳はいつも、〈既に知られていること〉に付け加えています。したがって脳は既知のことに拘束されています。そして既知のことにまったく基づかないような生きかたを発見する自由を、もちません。既知のことは広い溝や狭い溝にそって進み、人は「その溝のなかに安定がある」と考えて、溝のなかにとどまります。その安定性は、まさに限りある既知のことによって、破壊されます。これが現在までの、人間の生きかたでした。

生を型にはまったもの、つまり狭い溝にしてしまわないような学びかたがあるでしょうか？あるとすれば、その学習はどんなものでしょうか？

人は、知識がどのように得られるのかについて、明確でなければなりません。まず知識を獲得して、それからその知識——技術的知識や心理的知識——に基づいて行為するのでしょうか、それともまず行為して、そしてその行為から知識を獲得するのでしょうか？　両方とも知識の獲得です。知識はいつも過去のものです。人間が蓄積した莫大な量の知識を伴わないような、行為の仕方があるでしょうか？

あるのです。それは、私たちがよく知っているような学習ではありません。それは〈純粋な観察〉です。すなわち連続的な観察、記憶になっていくような観察ではなく、〈一瞬一瞬の観察〉です。

観察する者は、知識の核心をなしています。観察者は、彼が観察したことに対して、経験やさまざまなかたちの感覚的反応を通して獲得したことを、押しつけます。観察者はいつも、彼が観察することに対して、巧みに手を加えて操作しているのです。ですから観察者が観察したことは、常に知識に変えられてしまいます。それゆえいつも彼は、習慣を形成する古い伝統に、とらわれているのです。

ですからここで言う学習は〈純粋な観察〉です。あなたの外側の事がらばかりではなく、あなたの内面に生じている事がらについての〈純粋な観察〉です。それは〈観察者のいない観察〉なのです。

1st December 1978

生の動きすべてが学習です。学習のない時はありません。あらゆる行為が学習の動きであり、あらゆる関係が学習です。知識の蓄積――それは学習と呼ばれており、私たちはそれに慣れてしまっていますが――は、限られた範囲で必要です。しかしその限定が、私たちが自分自身を理解するときの妨げになっています。

知識は、多かれ少なかれ、測定可能ですが、学習においては測定がありません。このことを理解することは本当に重要です。特に宗教的な生についてその完全な意味を把握するためには、重要です。知識は記憶です。もしあなたが現実を観察したのであれば、目下の事がらは記憶ではありません。観察においては、記憶の入り込む余地がありません。現実とは実際に起こっていることです。一瞬後のことは測定可能であり、それは記憶の事がらです。

昆虫の動きを観察するためには、注意力が必要です。それはあなたが昆虫を観察することに、あるいは何かあなたに興味を抱かせるものを観察することに、関心をもっているかどうかです。

この注意力も測定できません。

記憶の本質と構造のすべてを理解すること、記憶の限界を観察すること、生徒がこのことを分かるように援助すること、これらは教育者の責任です。

私たちは本から学びます。あるいはその問題について多くの情報をもっている教師から学びます。そして私たちの頭はこうした情報でいっぱいになります。その情報は事物、自然、私たちの外側にあるすべての物についての情報です。私たちは自分自身について学びたいときには、自分について教えてくれる本を開きます。それゆえこの過程には終わりがなく、私たちは次第に〈受け売りですませる人間〉になってしまいます。これが世界中で見うけられる事実であり、これが現代の教育です。

前回の手紙で指摘したように、〈学習〉の行為は〈純粋な観察〉の行為です。そしてこの観察は記憶の限界内には収まりません。私たちは生計をたてるために学びます。しかし私たちは決して生きていません。生計の資を稼ぐための時間は、人生の大部分を占めています。他のことをする時間はほとんどありません。私たちは、ゴシップや娯楽や遊びの時間を見つけますが、これらはすべて生きることではありません。現実の生が営まれている全体的な分野があるのですが、それはまったく無視されています。

〈生の術《アート》〉を学ぶためには、〈閑暇《レジャー》〉をもたなければなりません。〈閑暇《レジャー》〉という言葉は、三番目の手紙で述べたように、ひどく誤解されています。一般的に言えば、〈閑暇〉とは、「生計の資を稼いだり、事務所や工場などに通ったりするような、私たちが普通しなければならないことに従事しなくてもよい」ということです。そうしたことが終わったときだけが〈閑暇〉です。そのいわゆる閑暇の間に、あなた方は楽しんだり、リラックスしたり、本当にしたいことをしたり、あなた方の最高の能力を必要とするようなことをしようとします。何によって生計をたてるにしても、生計をたてることは、いわゆる閑暇とは反対です。ですからいつも大きな負担や緊張、その緊張からの逃避があり、そうした緊張がないときにだけ閑暇があることになります。閑暇のあるときには、新聞を取り上げ、小説を開き、おしゃべりをしたり遊んだりします。これが現実の事実です。これがどこででも行なわれていることです。生計の資を稼ぐことは、生きることの否定になっています。

そこで次に疑問になるのは、「閑暇とは何か？」ということです。普通理解されているのは、閑暇とは「生計のプレッシャーを猶予されていること」です。生計をたてることのプレッシャー、あるいは私たちに課せられているどんなプレッシャーであっても、私たちはそれを一般に、〈閑暇の欠如〉と考えます。しかし私たちのなかには、意識的であれ無意識的であれ、もっと強いプレッシャーがあります。それは〈欲望〉なのですが、そのことについては後で取り上げます。

学校は〈閑暇の場所〉です。あなた方が学べるのは、閑暇があるときだけです。すなわち、どんな種類のプレッシャーもないときに限り、学習が可能になるのです。もし蛇や危険に直面したときには、その危険な事態というプレッシャーから、一種の学習があるでしょう。そのようなプレッシャーのもとでの学習は、将来に生じる危険をあなたが察知するのを助けるような記憶の育成であり、それゆえプレッシャーのもとでの学習は、機械的な応答になってしまいます。

閑暇とは、「何ものにも占領されていない精神」です。学習の状態にあるのは、そうしたときだけです。学校は学習の場なのであり、単に知識を蓄積するための場ではありません。このことを理解することは、とても大切です。既に述べたように、知識は必要です。そして知識は、それ自体の限定された場所を、生のなかにもっています。ところが不幸にも、知識のこの限定された場のなかに、私たちの生のすべてが取り込まれてしまい、もう私たちには学習のための空間が残されていません。

私たちは生計をたてることに精一杯で、そのために思考メカニズムの全エネルギーを用います。その結果、一日の終わりには私たちは消耗しきってしまい、刺激を必要とします。私たちは娯楽によって、つまり宗教的娯楽やその他の娯楽によって、この消耗から回復しようとします。これが人間の生なのです。人間は社会をつくりましたが、その社会は人間のすべての時間、すべてのエネルギー、すべての生を要求します。学ぶための閑暇はなく、それゆえ彼らの生活は機械的になり、ほとんど意味のないものになります。

したがって、私たちは〈閑暇〉という言葉の理解を、非常にはっきりとしておかなければなりません。閑暇は、「精神がいかなるものによっても占拠されてはいない時、あるいは期間」ということです。それは〈観察の時〉です。観察が可能であるのは、〈空っぽの精神〉だけです。自由な観察は、学習への動きです。それは、精神が機械的であることから解放します。

教師や教育者は、生徒が、「非常なプレッシャーを受けながら生計をたてる」という事がら全体を理解するのを、手助けできるでしょうか？　すなわち、「大変な恐怖や不安を感じながら、仕事を得るのに役立つ学習をする」という事がらについて、また「ひどく恐れた気持ちで将来を見る」という事がらについて、生徒が理解するのを手助けできるでしょうか？　教師自身は〈閑暇〉と〈純粋な観察〉の本質を理解したわけですから、生計をたてることが苦悩や人生を通じての大きな苦労になることはありません。教師は生徒が〈非機械的な精神〉をもつように、援助できるでしょうか？　閑暇において〈善性の開花〉を培うことは、教師の紛れもない責任です。そのために学校は存在しているのです。生計をたてることに心が予め完全に占拠されるような、そうした社会構造を変えるために、新しい世代をつくることが教師の責任です。そうすると〈教える〉ことは、〈神聖な行為〉になります。

15th December 1978

これまでの手紙のなかで、「全面的な責任は愛である」と述べました。この責任は特定の国、特定のグループ、コミュニティ、特定の神、ある形態の政治的プログラム、あなたの導師《グル》などに対する責任ではなく、〈全人類に対する責任〉です。このことは深く理解され、感じられなければなりません。そしてそれは教育者の責任です。私たちのほとんど全員は、家族や子どもたちなどに対しては責任を感じています。しかし「私たちを取り巻く環境や自然に対して、全体として関心を持ち、関与しているのだ」という感覚、また「自分の行為に対して全面的な責任があるのだ」という感覚をもっていません。この〈絶対的な配慮〉こそ〈愛〉なのです。この愛がなければ、社会のいかなる変化もありえません。

理想主義者は、彼らの理想や概念を愛しているかもしれませんが、根本的に異なる社会をもたらしたことはありません。革命家やテロリストたちが、私たちの社会の形態を根本から変えたことは決してありません。物理的な暴力革命家たちは、あらゆる人間のための自由について、また新しい社会の形成について、語ってきました。しかし彼らのわけのわからない言葉とスローガンは、人間の魂と存在をいっそう苦しめるばかりでした。彼らは彼ら自身の狭い見地に適合させるために、言葉をこじつけました。いかなるかたちの暴力も、そのもっとも基本的な意味においては、社会を変えることはありませんでした。確かに偉大な統治者は、少数者の権威によって、社会にある種の秩序をもたらしました。全体主義者でさえ、暴力と拷問によって、表面的には見せかけの秩序を打ちたてました。ですが私たちはそのような社会秩序について語っているのではありません。

「現在の社会の状態を根本的に変えることができるのは、〈全人類に対する全面的な責任〉――それが〈愛〉なのですが――だけである」ということを、非常に明確に、きっぱりと申し上げます。世界中のさまざまな場所に存在するシステムがどのようなものであろうと、それは腐敗し堕落したものであり、まったく不道徳なものです。この事実に気づくには、あなたの回りを見渡しさえすればよいでしょう。

世界中で何億万ものお金が軍備のために使われていますが、政治家たちはみんな、一方で戦争の準備をしながら、他方で平和について語ります。宗教は、繰り返し何度も、平和の神聖さについて宣言してきました。しかし宗教は戦争を助長し、巧妙な暴力や拷問を助長してきたのです。聖職者、儀式、神や宗教の名のもとに行なわれるあらゆるナンセンスなことのせいで、無数の分裂と宗派があります。分裂があるところには、宗教的、政治的、経済的な無秩序や闘争や葛藤があるに違いありません。現代社会は貪欲と羨望と権力に基づいています。もしこれらのことすべてを、それが現実にある通りに——この抗しがたいコマーシャリズムを——考察するならば、これらはすべて堕落と根本的な不道徳とを示しています。あらゆる社会の基礎をなしている私たちの生のパターンを根本的に変えることが、教育者の責任です。私たちは地球を破壊しつつあります。また地球上のあらゆるものは、私たちの満足のために、破壊されつつあるのです。

教育は単にさまざまな学問的な教科を教えることではなく、生徒のなかに全面的な責任感を培うことです。ところが人は教育者として「新しい世代を生み出しているのだ」ということを、実感していません。たいていの学校では、ただ知識を与えることにしか関心がありません。そこでは、人間や人間の日常生活を変えることに、まったく関心がないのです。しかし私たちの学校の教育者であるあなた方は、そのことに深くかかわる必要があります。そしてこの全面的な責任について気にかける必要があります。

ではあなた方はどのような方法で、生徒が非常にすぐれたこの愛の資質を感じるように、援助できるでしょうか？　もしあなた方自身がそのことを心から感じているのでなければ、責任について話すことは無意味です。教育者としてあなた方は、このことの真正さを感じることができるでしょうか？

その真正さが分かれば、自然にこの愛と全面的な責任感が生まれるでしょう。日々の生活において、あなた方の妻や友達や生徒との関係において、あなた方はこのことを熟考し、観察しなければなりません。そして生徒との関係において、単に言葉のうえで明確にするばかりでなく、そのことを心から語りかけるのです。その真実性を感じることは、人間がもつことのできるもっとも偉大な才能です。そしてあなた方のなかで、一度その真実性を感じるようになると、あなた方は適切な言葉、適切な行為、正しい行動を見つけ出すでしょう。

生徒のことを考えると、「生徒はあなた方のもとへ、こうしたことすべてに対して、まったく準備なしにやって来るのだ」ということが分かるでしょう。生徒はおびえたり、神経質になったり、喜ばせたいという気持ちで、あるいは受け身の気持ちで、両親やそれまで数年間過ごした社会によって条件づけられて、やって来ます。あなた方は生徒のバックグラウンドを見るようにしなければなりません。そして生徒の現実のあるがままに関心をもち、生徒にあなた方自身の意見や結論や判断を押しつけないようにしなければなりません。〈生徒のあるがまま〉を検討するなかで、〈あなた方のあるがまま〉が明らかになります。そして「生徒は自分なのだ」ということが分かるでしょう。

それでは、数学や物理学などを教えることのなかで――生計をたてるためには、生徒はこれらの教科も知らなければなりませんが――生徒に「自分は全人類に対して責任があるのだ」ということを伝えることができるでしょうか？　たとえ生徒は、自分の経歴のために、自分の生きかたのために、努力しているにしても、それが彼の精神を狭いものにするわけではありません。生徒は、あらゆる制限と不思議な残忍性とを伴った、〈専門化のもたらす危険性〉に気づくでしょう。あなた方は、生徒がこれらのすべてが分かるように、援助しなければなりません。善性の開花は、数学や生物学について知ること、試験に合格すること、成功する経歴を身につけることのなかにはありません。それはこうしたことの外側にあるのであり、善性が開花するときには、経歴や他の必要な活動は、開花の美しさによって影響を受けます。私たちは今、片方だけを強調して、開花についてはまったく無視しています。私たちの学校では、この二つのことを一緒にしようとしているのです。しかし人為的に一緒にするのではなく、またあなた方が従う原理やパターンとしてではなく、「人間の再生のためには、この二つが一緒にならねばならない」という絶対的真実にあなた方が気づくが故に、一緒にするのです。

あなた方はそれができますか？　討論をして結論に達した後で、「そうすることにみんなが同意するから」というのではなく、「心の眼にその途方もない重大さが見えるから」「自分にはそう見えるから」という理由で、それができるでしょうか？　そのとき初めて、あなた方の語ることが、意味をもつでしょう。そうすることであなた方は、他の人によって照らされるのではなく、光の中心になるのです。あなた方は全人類であるわけですから――それは事実です。言葉で言っているだけではありません――あなた方は人間の未来に対して完全な責任があります。これを重荷だとは思わないでください。もし重荷だと思うのでしたら、その重荷は現実性のない一連の言葉でしかありません。それは錯覚です。この責任には、それ自体の快活さ、それ自体のユーモア、思考の重さを欠いたそれ自体の動きがあります。

1st January
1979

教育にかかわる場合に、いつも忘れてはならない二つの要素があるように思われます。一つは〈勤勉〉で、もう一つは〈怠慢〉です。ほとんどの宗教は、「神の意志によって、あるいは外部の機関によって、統制され形づくられるべき精神の活動」について語ってきました。そして、手や精神によってつくりあげられた神性に対する〈帰依〉は、「そのなかに感情や感傷やロマンチックな想像力が含まれた、注意力のある種の資質」を必要とします。これは精神の活動なのですが、〈思考〉です。〈勤勉〉という言葉は「配慮、注意深さ、観察、深い意味の自由」を意味します。しかしある対象、人物、原理に対する〈帰依〉は、この自由を否定します。勤勉は、「自然で無限な配慮、関心、愛情の新鮮さをもたらすような注意力」です。これらはすべて、きわだった鋭敏さを必要とします。人は自分自身の欲望や心理的な傷に対しては鋭敏です。また人は特別の人物に対して鋭敏で、その人の欲望を注視して、彼が必要とするものに素早く応答します。しかしこの種の鋭敏さは非常に制限されたもので、鋭敏とは呼べないほどです。私たちが話している鋭敏さの特質は、〈全面的な責任感〉――それが〈愛〉です――があるときに、自然にあらわれます。勤勉はこの特質をもっています。

〈怠慢〉は無関心、無精です。無関心というのは、物質的な有機体や心理的な状態に対する、そして他人に対する無関心です。無関心には冷淡さがあります。この段階では、精神は不活発で、思考の活動は鈍く、知覚の素早さはなくなり、鋭敏さなどは理解できない事でしかありません。たいていの人は、ときには〈勤勉〉なこともありますが、ほとんどのときは〈怠慢〉です。この二つの態度は、本当は反対の事がらではありません。もし反対の事がらではないとすると、勤勉はなお怠慢の一部分なのであり、それゆえ、〈真の勤勉〉なのではありません。

たいていの人は、自分の私利私欲においては、勤勉です。その私利私欲は、家族や特定のグループや党派や国家などと同一視されるかもしれませんが。この私利私欲においては、絶えず自分のことに専心しているとはいえ、そこには怠慢の種子があります。この〈自己への専心〉は制限されており、したがって、それは怠慢なのです。自己への専心は、狭い範囲のなかに押し込められたエネルギーのことです。ところが〈真の勤勉〉は、自分のことばかり考えることから自由であり、それはエネルギーの潤沢さをもたらします。もし人が怠慢の本質を理解すると、努力するまでもなく、〈真の勤勉〉が生じます。

怠慢および勤勉の単なる言葉の定義ではなく、こうしたことが十分に理解されるならば、私たちの思考や行為や行動に、最高の美点があらわれてくるでしょう。しかし不幸にも、私たちは自分自身に、決して思考や行為や行動の〈最高の質〉を要求しません。私たちはほとんど自分自身に問いかけたことがありませんし、もし問いかけたことがあったとしても、十分にそれに応答しないための言い訳をいろいろもっています。このことは精神の怠慢を、思考の活動の弱さを、示してはいないでしょうか？　身体は怠惰になりますが、思考の素早さと巧妙さに関して、精神が怠惰になることはありません。身体の怠惰を理解するのは簡単です。身体が怠惰になるのは、人が働き過ぎたり、甘やかされ過ぎたり、あるいはあまりにも激しく競技したときなどです。そのとき身体は休息を求めます。その休息は怠惰だと思われるかもしれませんが、そうではありません。注意深い精神は、機敏で鋭敏なので、有機体が休息と配慮を必要とするときには、それが分かるのです。

私たちの学校では、「勤勉であるようなエネルギーの資質は、適切な食べ物、適切な運動、十分な睡眠を必要とする」ということを理解することが大切です。思考や行為や振る舞いなどにおける習慣、型にはまった手順は、勤勉の敵です。思考それ自体は、それ自身のパターンをつくり出し、そのなかに住み込んでいます。そのパターンが疑われると、それは無視されるか、あるいは思考が別の安全なパターンをつくり出します。ひとつのパターンから別のパターンへ、ひとつの結論から別の結論へ、ひとつの信念から別の信念へというのが、思考の動きです。これは思考の非常に怠慢なところです。しかし勤勉な精神は習慣をもちません。応答のパターンをもたないのです。勤勉な精神は終わりのない動きであり、決して習慣と一緒になることはなく、結論にとらわれることもありません。勤勉な精神が、思考の怠慢さによってもたらされる境界をまったくもたないときには、その動きは非常に深く、容量もあるのです。

私たちは今、教育にかかわっているわけですが、教師はどのような方法で、鋭敏さと豊かな配慮とを示すこの勤勉さを――そこには魂の怠惰が入り込む余地はありません――伝えることができるでしょうか？　もちろん教育者がこの問題に関心をもち、彼の人生の日々において勤勉の重要性を理解していることは分かっています。もし教育者がそうであるのなら、では彼はこの勤勉さが開花するように、どのように培い始めるのでしょうか？　彼は生徒と深くかかわっているでしょうか？　彼は本当に、彼に委託されているこれらの若い人々に対して、全面的な責任を果たしているでしょうか？　それとも彼は生計をたてるためにだけそこにいて、所得が少ないみじめさにとらわれているのでしょうか？　以前の手紙でも指摘したように、教えることは人間のもっとも高次な才能です。あなた方はそこにいて、あなた方の前には生徒がいます。あなた方は無関心なのでしょうか？　家庭でのあなた方自身の個人的な問題が、あなた方のエネルギーを消耗させているのでしょうか？

心理的な問題を一日また一日と持ち越すことは、時間とエネルギーのまったくの浪費であり、それは怠慢を示しています。勤勉な精神は問題が起こったときにそれに出会い、その本質を観察し、それを直ちに解決します。心理的な問題を持ち越すことは、問題の解決にはなりません。

エネルギーと魂の浪費です。問題が生じたときに解決すれば、いかなる問題もないことが分かるでしょう。

さて先の質問に戻りますが、私たちの学校の教育者として、あるいは他の学校の教育者としても同様ですが、あなた方はこの勤勉さを培うことができるでしょうか？

それはただ、善性が開花するときにだけ可能です。それはあなた方の全面的な、変更できない責任であり、そのなかに愛があります。その愛は、生徒を手助けする方法を自然に見つけるでしょう。

15th January 1979

私たちの学校においては、教師が経済的にも心理的にも安定していることが大切です。教師のなかには、自分の経済的な地位をあまり気にかけずに、進んで教えようとする人もいます。彼らは教えるために、また心理的な理由から、学校へ来たのでしょう。しかしどの教師も家にいるときのように安心でき、配慮されていると感じて、財政的な心配のないようにすべきです。もし教師自身が安心できなければ、つまり、自由に生徒と教師の安定性に注意を払うのでなければ、彼は全面的な責任をもつことができないでしょう。もし教師自身が幸せでなければ、彼の注意は散漫となって、彼のすべての才能を発揮することはできないでしょう。

ですから教師を選ぶときには、一人一人を私たちの学校に招いて、しばらくの間滞在してもらい、その人が学校で行なわれていることに喜んで参加できるかどうかを見極めてから、適切な教師を選ぶことが重要になってきます。これはお互いのためです。そうすれば教師は幸せであり、安定して家にいるときのようにくつろいでいるわけですから、生徒にもこの安定性の資質、すなわち「学校は自分の家なのだ」という感じを、つくり出すことができるでしょう。

〈くつろぎ〉とは「恐怖感がない」ということ、「身体的に保護され、気にかけられており、そして自由である」という意味ではないでしょうか？　生徒は「保護されている」「守られている」という考えを嫌がるかもしれませんが、保護というのは「牢獄に入れられて、監視され、批判的に注視される」ということではありません。自由は「自分の好き勝手にする」ということでは、もちろんありません。また、「完全に自分の好き勝手にすることは不可能である」ということも、明らかです。「自分の好き勝手にしようとする」ことは——それがいわゆる個人の自由であり、自分の欲望に沿って行為の手段を選ぶことですが——社会的かつ経済的な混乱を世界のなかに招きました。この混乱に対する反動が全体主義なのです。

自由は大変複雑な事がらです。自由について考えるときには、最大限に注意して行なわなければなりません。なぜなら自由は束縛の正反対というわけではないし、自分がおかれている情況からの逃避でもないからです。自由は何かから由来するものではなく、束縛からの逃避でもありません。自由には対立するものがありません。自由はそれ自体です。自由の本質を理解することは、叡知が目覚めることです。それは〈あるがまま〉に適応することではなく、〈あるがまま〉を理解し、それを超えていくことです。もし教師が自由の本質を理解しなければ、教師はただ自分の偏見や限界や結論を生徒に押しつけることになります。それでは生徒はおのずと反抗するか、恐怖ゆえに受け入れるかして、憶病であるにしても攻撃的であるにしても、慣習に従う人間になることでしょう。精神が自由に学べるのは、この〈生きることの自由〉を理解するかぎりにおいてです。それは、自由の観念を理解することではなく、またその言葉を受け入れることでもありません。それではスローガンになってしまいます。

なんといっても学校は、生徒が基本的に幸せを感じることのできる場所です。試験によって脅されたり恐れさせられたり、パターンやシステムに従って行為するように強制される場所ではありません。学校は〈学習の術《アート》〉が教えられる場所です。もし生徒が幸せでないのでしたら、生徒はこの〈術《アート》〉を学ぶことはできません。

「情報を記憶し記録することが学習である」と思われています。でもそれは限定された精神、それゆえ非常に条件づけられた精神をもたらします。〈学習の術〉は、「情報に適切な場を与え、学んだことに従って上手に行為すること」ですが、しかし同時に「知識の限界によって、また思考がつくり出したイメージやシンボルによって、心理的に拘束されることがない」ということです。〈術〉は「あらゆるものにその適切な場を与える」ということを意味します。何らかの理想に従うというのではありません。理想および結論のメカニズムを理解することは、〈観察の術〉を学ぶことです。未来においてであっても過去に従ってであっても、思考によって形成された概念は、理想、つまり心に描かれた観念もしくは記憶です。それは影絵遊びのようなもので、現実の抽象化です。この抽象化は現在起こっていることからの逃避です。事実からの逃避は、不幸です。

さて私たちは教師として、本当の意味で生徒が幸せになれるように援助ができるでしょうか？　私たちは生徒を助けて、彼が現実に起こっていることに関心をもつようにできるでしょうか？

それは〈注意する〉ということです。陽のなかで揺れている木の葉を見つめている生徒は、注意深い状態です。その時彼を本に引き戻すと、彼の注意を阻害してしまいます。それに対して、生徒がその木の葉を十分に見つめるように助けることは、彼に注意の奥深さを気づかせることになります。そこでは気が散るということがありません。生徒は〈注意〉が何を意味するか分かったわけですから、彼は同じようにして、本や教わっていることに注意を転ずることができるでしょう。この注意においては、強制や服従ということはありません。それは自由であり、そこには全体的な観察があります。教師自身が、注意のこの資質をもつことができるでしょうか？　そのときにだけ彼は他の人を手助けできるのです。

たいていの人が、〈気が散る〉ことと戦います。実は気が散るということはないのです。あなたが空想にふけったり、あなたの精神がとりとめがないとすれば、それは現実に起こっていることです。それを観察してごらんなさい。その観察が注意です。ですから気が散るということはありません。

このことを生徒に教えられるでしょうか？　この〈術〉は学べるのでしょうか？　あなた方は生徒に対して全面的な責任があります。ですからあなた方は学習のこの雰囲気を、また、そこに自由と幸福感があるような真剣さをつくらなければなりません。

1st February
1979

既にこの手紙のなかで何度か指摘したように、「学校は何よりもまず、人間のなかに深い変容をもたらすためにある」のです。教育者はこのことに対してすべての責任があります。もし教師がこのもっとも重要な要因に気づかなければ、彼は生徒を単にビジネスマンやエンジニアや法律家や政治家にするために教えているにすぎません。「自分も社会も変えることはできない」と思っている人が非常にたくさんいます。おそらく現在の社会構造においては、法律家やビジネスマンが必要でしょう。しかし私たちの学校が設立されたときの意図は、人間を深く変容させることであったし、今でもそうなのです。私たちの学校の教師は、このことを本当に理解すべきです。単なる〈知的な理解〉ではなく、ひとつの〈観念〉としてでもなく、教師がその全存在において、このことの含意を十分に理解するのです。私たちは人間の全面的な発達に関心をもっているのであり、単なる知識の蓄積に関心をもっているのではありません。

観念や理想と、事実や現実に起こっていることは、別のことです。この二つが一緒になることはありません。理想は事実に課せられてきました。そして理想は、〈かくあるべし〉という理想に一致させるために、現実に起こっていることをねじ曲げてきました。ユートピアは、起こっていることから引き出される結論です。そしてそれは、理想化されたことに一致させるために、現実を犠牲にします。これが数千年にわたり続いてきた過程です。すべての生徒とあらゆる知識人が、観念形成に夢中になっています。〈あるがままからの回避〉は、〈精神の腐敗〉の始まりです。この腐敗は、あらゆる宗教、政治、教育、すべての人間関係に浸透しています。〈あるがままからの回避〉の過程を理解し、それを超えていくことが、私たちの関心事です。

理想は精神を腐敗させます。理想は観念、判断、希望から生まれます。観念は〈あるがまま〉の抽象化ですし、あらゆる観念、および現実に起こっていることについての結論は、起こっていることを歪めます。だから腐敗が生じるのです。観念は、事実から、〈あるがまま〉から、注意をそらせます。そして注意を空想的なものに向けさせます。事実から離れるこの動きは、シンボルやイメージを作り、それが今度はとてつもなく重要になるのです。事実から離れるこの動きは、精神の腐敗です。人間は、会話や人間関係や人間が行なうほとんどすべてのことにおいて、事実から離れるこの動きに携わります。事実は、直ちに観念や結論に変形され、そして今度は観念や結論が私たちの反応を指示するのです。何かが見えると、思考はすぐに対抗するものを作り、それが実在になってしまいます。あなたが犬を見ると、思考は直ちに、あなたが犬について持つなんらかのイメージに向かいます。ですから、あなたは決して犬を見ないのです。

このことを生徒に教えることができるでしょうか？ それが心理的なことであるにしても外界のことであるにしても、事実のもとに、すなわち今実際に起こっていることにとどまることを、教えることができるでしょうか？ 知識は事実ではありません。知識は、事実についての知識です。そして知識にはそれに適した場所があります。ところが知識は、現実にあるがままの知覚を妨げてしまいます。そこに腐敗が生じます。

このことを理解することは、本当にとても大切です。〈理想〉は「高尚で、称賛される、非常に意味深長で重要なもの」と見なされています。そして〈現実に起こっていること〉は「単に感覚的、世俗的で、価値の少ないもの」と見なされています。世界中の学校が、称賛される目標、理想をもっています。ですから生徒たちは、いわば腐敗のなかで教育されているのです。

何が精神を腐敗させるのでしょうか？ 私たちは〈精神〉という言葉を、「感覚、考える能力、あらゆる記憶と経験を知識として蓄積する頭脳」を意味するために、用いています。これらの動き全体が精神です。意識、無意識、いわゆる超意識——この全体が精神です。私たちが問うているのは、「これらすべてのなかで腐敗の要因、腐敗の種は何か？」ということです。「理想は腐敗させる」と言いました。知識もまた、精神を腐敗させます。ある特定の知識や広範な知識は、過去の動きです。そして過去が現実に影を投げかけるとき、腐敗が生じます。未来へと投影され、そして今起こっていることに向けられる知識は、腐敗です。私たちは〈腐敗〉という言葉を、〈バラバラにされたもの〉〈全体として扱われていないもの〉を意味するために、使っています。事実は決してバラバラにできません。事実は、知識によって制限されることができません。事実の完全性は、無限への門戸を開きます。完全性は分割できません。それが自己矛盾だというのではなく、完全性は、それ自体分割できないのです。完全性、全体性は無限の動きです。

模倣や適合は、精神の腐敗の大きな要因のひとつです。模範、英雄、救済者、導師《グル》は、もっとも破壊的な腐敗の要因です。追従、服従、適合は、自由を否定します。自由は最初から自由なのであり、最後に自由になるのではありません。まず適合し、模倣し、受け入れて、最終的に自由を見出すというのではありません。それは、導師であれ牧師であれ、全体主義の精神です。それは独裁者、権威者、導師、司祭の残虐さ、無情さです。

ですから〈権威〉は腐敗です。権威は、清廉さ、全体性、完全性を壊します。学校での教師の権威、目的や理想の権威、「私は知っています」と言う人の権威が壊します。権威のもつプレッシャーは、どのようなかたちであるにしても、物事を歪める腐敗の要因です。権威は基本的に自由を否定します。腐敗をもたらす権威の影響を与えないようにして教え、指摘し、知らせることが、真の教師の役割です。比較する権威は破壊します。もしある生徒が他の生徒と比べられると、両方の生徒が傷つきます。比較なしに生きることが、〈清廉〉であることです。

あなた方教師は、そのようにしていますか？

15th February 1979

人類は莫大な量のエネルギーをもっているように思われます。人類は月へ行き、地球上のもっとも高い山頂に登りました。戦争と兵器のために驚くべきエネルギーをもち、科学技術の発展のために、人間の集めた膨大な知識を蓄積するために、毎日働くために、ピラミッドを作るために、原子を探求するために、たいへんなエネルギーを使います。こうしたことすべてを考えると、人間が費やしたエネルギーを強く実感します。このエネルギーは外界の事物の探求に用いられてきましたが、人間は自分の心理的な全体構造の探求には、ほとんどエネルギーを用いませんでした。エネルギーは、外面的にも内面的にも、行為するために、あるいはまったく静かであるために、必要とされます。

〈行為《アクション》〉と〈非行為《ノン・アクション》〉は、多くのエネルギーを必要とします。私たちは戦争や本を書くために、外科手術のために、海面下で作業するために、積極的にエネルギーを使いました。〈非行為〉は、いわゆる〈積極的な行為〉よりもはるかに多くのエネルギーを必要とします。〈積極的な行為〉

とは「統制したり、支持したり、逃げたりすること」です。〈非 行為〉は〈観察における全面的な注意〉です。この観察において、〈観察されるもの〉は変容します。この無言の観察は、物理的なエネルギーばかりではなく、深い心理的なエネルギーを必要とします。私たちは物理的なエネルギーに慣れており、この条件づけが私たちのエネルギーを限定します。〈全面的な無言の観察〉、すなわち〈非 行為〉においては、エネルギーの消費はなく、したがってエネルギーは無制限です。

〈非 行為〉は、行為の反対ではありません。必要なことなのでしょうが、毎日毎日、毎年毎年、長年にわたって仕事に行くことは、エネルギーを限定します。しかし働かないことが、「無限のエネルギーを有する」ということを意味するわけではありません。精神の怠惰は、身体の怠惰がそうであるように、エネルギーの浪費です。あらゆる分野における私たちの教育が、このエネルギーを狭く制限しています。何かになるために、あるいは何かにならないために、絶え間なく戦う私たちの生きかたは、エネルギーの浪費です。

エネルギーは時間のないもので、測定できません。しかし私たちの行為は測定できますので、私たちはこの制限のないエネルギーを〈私〉という狭い輪の範囲に押し込んでいるのです。そうやって閉じ込めた後になって、私たちは測定できないものを捜します。捜すことは積極的な行為です。つまり心理的エネルギーの浪費です。ですから〈私〉といういわば〈古文書〉のなかには、終わりのない動きがあるのです。

教育において私たちが関心をもっているのは、「〈私〉から精神を自由にすること」です。この手紙でも数回にわたって述べてきたように、私たちの役割は、「〈私〉と呼ばれるこの限定されたエネルギーから解放された、新しい世代をもたらすこと」です。「私たちの学校はそのために存在するのだ」ということをもう一度繰り返しておきます。

前回の手紙で、精神の腐敗について語りました。この腐敗の根源は〈私〉です。〈私〉というのは、イメージ、絵、世代から世代へと継承される世界です。そして人は、〈私〉という伝統のこの重さと戦わなければなりません。事実の〈結果〉、もしくは「いかにして事実が生じたか」を〈説明する〉ことは、まったく容易です。ですが、事実そのもの、すなわち事実に対してあらゆる反応をしながら、しかし事実を歪めてしまう動機をもたないで、事実そのものを〈観察する〉ことは、〈消極的な行為〉です。この消極的な行為は、それから後になって事実を変容させます。このことを深く理解することは重要です。事実に対して行為するのではなく、〈あるがまま〉を観察するのです。

すべての人間は、心理的にも身体的にも傷ついています。身体的な痛みを扱うことは、比較的簡単ですが、心理的な痛みは秘められたままです。この心理的な傷の結果、自分自身のまわりに壁をつくり、それ以上の痛みには反抗しようとし、怖がったり孤立のなかに引きこもったりするようになります。傷は、限定されたエネルギーをもつ〈私〉というイメージが原因です。エネルギーが限定されているから、傷ついているのです。測定できないものは、決して傷つけられたり、腐敗させられたりしません。限定されたものはすべて、傷つけられます。しかし全体的なものは、思考の及ぶ範囲を超えています。

学校の生徒であるときばかりでなく、彼の人生を通じて、生徒が心理的に傷つかないように、教育者は援助できるでしょうか？　もし教育者が、この傷から受ける大きなダメージが分かるなら、彼は生徒をどのように教育しようとするでしょうか？　生徒が一生傷つかないようにするため、彼は現実に何をしようとするでしょうか？　いえ、生徒は既に傷ついて学校へやって来るのです。おそらく生徒はこの傷に気がついていないことでしょう。教師は、生徒の反応、恐怖、攻撃性を観察することで、生徒の受けたダメージを見つけるのです。ですから教師には二つの課題があります。「生徒を過去のダメージから解放すること」と「生徒の将来の傷を防ぐこと」です。

このことに関心があるでしょうか？　それともあなたがたは単にこの手紙を読んで、知的に理解するだけでしょうか？　知的な理解は理解とは言えませんし、生徒に関心をもつことにもなりません。しかしもしあなた方が関心をもっているなら――関心をもつべきですが――、あなた方はこの事実をどうしますか？　つまり生徒は傷ついていて、なんとかしてこれ以上傷つかないようにしなければならないのです。あなた方はこの課題にどのように取り組みますか？

この課題に直面したとき、あなた方の精神状態はどうでしょう？　それは生徒の課題であるばかりではなく、あなた方自身の課題でもあります。あなた方は傷ついていますし、生徒もそうなのです。ですから教師と生徒の両方にかかわっています。それは一方だけの課題ではなく、あなた方も生徒と同じようにかかわっているのです。このかかわり合いは、あなた方が直面し、観察しなければならない、中心的な要因です。単に「自分の過去の傷から解放されたい」と欲すること、「二度と傷つきたくない」と願うことは、エネルギーの浪費です。〈徹底的な注意〉〈この事実の観察〉は、傷そのもののいきさつを明かすばかりではありません。この〈注意〉こそが傷を追い払い、ぬぐい去るのです。

ですから注意こそ、決して傷つけられたり腐敗させられたりしない、莫大なエネルギーなのです。ですが、どうかこれらの手紙のなかで言われていることを、そのまま受け入れないでください。受け入れることは、真実の破壊です。そのことを〈試して〉ください。将来いつの日にか試すのではなく、あなた方がこの手紙を読んだときに試すのです。うわべだけでなく、あなた方の心情と存在のすべてによってそれを試してみれば、あなた方は自分で事がらの真実を発見するでしょう。そのようにしたときにだけ、あなた方は、生徒が過去をぬぐい去り、傷つけられることのない精神をもつように、手助けすることができるでしょう。

1st March
1979

　これらの手紙は、友情の気持ちから書かれています。あなた方の考えかたを支配しようとしたり、筆者の考えかたや感じかたに従わせるためにあなた方を説得しようとして、書かれたのではありません。プロパガンダではないのです。これらはあなた方と筆者の、つまり諸問題について話し合う両者の、友人間の対話です。よい友情関係においては、いかなる意味でも競争や支配はありません。あなた方も世界の状態や社会を観察なさったことでしょう。そして「人間の生きかた、お互いに対する関係や全体としての世界に対する関係のありかたにおいて、根源的な変容、可能な限りのあらゆる変容が必要である」と気づかれたことでしょう。私たちは共に、各自それぞれの自我だけでなく、あなた方教師が全面的に責任をもっている生徒にも深く関心をもちながら、お互いに話し合っているのです。

　学校では教師はもっとも重要な人物です。それというのも人類の未来の幸福は、教師にかかっているからです。これは単に言葉で言っているだけではありません。それは絶対的で、変えることのできない事実です。彼らの仕事に含まれる高潔さと敬意を、教育者自身が感じるときにだけ、「教えることはもっとも高次の職業であり、政治家や世界の第一人者たちの職業よりも偉大である」ということを知るでしょう。筆者はすべての言葉にこの意味を込めています。ですから、誇張やあなた方に間違った重要性を感じさせようとする試みだと思って、このことを無視しないでください。あなた方と生徒たちは、一緒に善性を開花させなければなりません。

私たちは精神を腐敗させ、堕落させる要因について指摘してきました。社会が解体しつつありますので、これらの学校が精神の再生のためのセンターでなければなりません。思考の再生ではありません。思考は決して再生できません。なぜなら思考はいつも限定されているからです。しかし精神の全体性の再生は可能です。この可能性は、もし人が再生の方法を深く吟味してみるなら、概念的可能性ではなく、現実の可能性なのだということが分かるでしょう。これまでの手紙のなかで、私たちはその方法をいくつか探求してきました。

ここで私たちは〈伝統〉と〈習慣〉の破壊的な本質、そして思考の反復的なやりかたについても調べなければなりません。追従すること、伝統を受け入れることは、内面と同じく外面にも、人の生活にある安定性を与えるように思われます。あらゆる可能な方法で安定性を求めることが、私たちのほとんどの行為の動機や推進力となってきました。心理的な安定性への要求は、身体的な安定性への要求よりも強く、それゆえ身体的な安定性を不確かにさえします。この心理的な安定性は、言葉や儀式や信念――それらが宗教的、政治的、社会的なものであろうとなかろうと――を通じて、ひとつの世代から次の世代へと伝えられる伝統の基礎です。

私たちは、受け入れた規範を疑問に思うことは稀ですが、もし疑問に思うことがあっても、きまって新しいパターンのわなに陥ります。これがずっと私たちの生きかたなのです。つまり、ひとつを拒絶しても他を受け入れるのです。新しい方がより魅惑的で、古い方は過ぎ去る世代に残されます。しかし両方の世代とも、パターンやシステムにとらわれています。それが伝統の動きです。まさにその〈伝統〉という言葉が、今も昔も、〈適合〉を意味しています。良い伝統とか悪い伝統とかありません。ただ伝統が、つまりあらゆる教会や寺院やモスクでの儀式の空虚な繰り返しがあるだけです。それらはまったく無意味なのですが、感情、感傷、ロマンティシズム、想像力がそれらに彩りと幻想を添えているのです。これが迷信の本質であり、世界中のあらゆる聖職者がそれを助長しています。意味のないことに携わるこの過程、意味もない事がらにささげられるこの過程は、エネルギーの浪費であり、それは精神を堕落させます。人はこれらの事実に、深く気づいていなければなりません。そしてその注意こそが、あらゆる幻想を解決するのです。

次に〈習慣〉があります。良い習慣とか悪い習慣とかありません。ただ習慣があるだけです。習慣は「気づいていないために生じる反復的な行為」を意味します。人は意図的に、あるいはプロパガンダに促されて、習慣に陥ります。また、怖がって、自己防衛的な反射に陥ります。

快楽に関しても同じです。このように型にはまった手順に従うことは、日常生活でどれほど効果的あるいは必要であっても、機械的な生きかたの原因になりますし、次第に機械的にしているのです。自分が何をしているかに気づいているときには、人は習慣化することなしに、毎日同じ時間に同じことをすることができます。〈注意〉が習慣を一掃します。習慣が形成されるのは、注意がないときだけです。あなたは毎朝同じ時刻に起きることができます。そしてあなたは「なぜ自分が起きているか」知っています。この気づかれた行為は、他の人にとっては、一見良い習慣あるいは悪い習慣のように見えるかもしれません。ですが実際には、気づいて注意を払っている人にとっては、まったく習慣ではありません。

私たちは心理的な習慣や型にはまった手順に陥りがちです。なぜなら「それがもっとも気楽な生きかただ」と考えるからです。あなたが綿密に、人間関係のなかで形成された、個人的もしくはその他の習慣を観察すれば、そこに怠惰、無配慮、無視の資質があることが分かります。これらのすべてが、間違った意味の親しさ、安定性、手軽な残虐性を、与えます。喫煙の習慣、反復的な行為、言葉の使用、思考や行動の習慣など、習慣にはあらゆる危険が含まれています。これが精神をまったく鈍感にします。そして精神が堕落する過程では、国家や信念や理想などのようなものに、架空のかたちの安定性を見出して、それに固執します。すべてのこれらの要因は、真の安定性にとっては非常に破壊的です。私たちは、「現実になってしまった見せかけの世界」に住んでいるわけです。これらの幻想を疑ってみても、革命家になるか、それともそれを大目に見て容認するかのどちらかです。これは両方とも堕落の要因です。

なんといっても、途方もない能力をもった頭脳は、この偽りの安定性を受け入れるように、世代から世代へ条件づけられてきました。それが今では、深く根を張った習慣になっています。この習慣を壊すために、私たちはさまざまな苦痛やいろいろな逃避を経験します。あるいは自分を、ある理想的なユートピアなどに委ねてしまいます。探求することが教育者の課題です。そして教育者の創造的な能力は、深く根を張った彼の条件づけおよび生徒の条件づけを、とても綿密に観察します。これは共同の過程です。すなわち、「あなたがまずあなたの条件づけを探求して、それから他の人にあなたの発見を知らせる」というのではなく、一緒に探求して事がらの真相を見つけるのです。そのためには忍耐の資質が必要です。時間的な忍耐ではなく、全面的な責任に対する忍耐と勤勉な配慮が必要です。

15th March
1979

私たちはあまりにも利口になりすぎました。私たちの頭脳は、言語的に、知的に、大変利発になるように訓練されてきました。頭脳には大量の情報が詰め込まれており、私たちはそれを有利な経歴のために使います。利口で知的な人は、称賛され栄誉を与えられます。そのような人々は、世界であらゆる重要な地位を占めているように思われます。彼らには権力、地位、名声があります。しかし彼らの利口さは、最後には彼らを裏切ります。彼らの心は「愛が何であるのか」「深い慈愛と寛大さが何であるのか」を決して知りません。なぜなら彼らは、彼らのうぬぼれと傲慢さのなかに囲い込まれているからです。これは、多くの基本財産をもつすべての学校のパターンになっています。因襲的な学校に受け入れられた少年や少女たちは、現代文明の罠にかかり、生の美しさ全体を失います。

あなたが、所々に明るい光のさす深くて暗い森を歩き回っていて、突然開けた空間、威厳のある木々に囲まれた緑の牧草地、あるいはきらめく川の流れのもとに出くわしたりすると、「なぜ人間は、自然との関係、地球の美しさとの関係、落ち葉や折れた枝との関係を、失ってしまったのだろう」と、不思議に思うでしょう。もしあなたが自然との触れ合いを失ってしまえば、他のものとの関係を失うことも避けられないでしょう。自然は花や、美しい緑の芝生や、あなたの小さな庭の水の流ればかりではありません。あらゆるものが在る、地球全体です。私たちは「自然は私たちが使用するために、私たちに都合のいいように存在する」と思っています。だから地球との交感を失うのです。落ち葉や丘の上の高い木に対するこの感受性は、試験に合格したり輝かしい経歴を持ったりするどんなことよりも、はるかに重要です。そうしたことが人生のすべてではありません。人生は、多量の水をたたえた、始まりも終わりもない大きな河のようなものです。私たちは速い河の流れからバケツ一杯の水を汲んで、その限られた水が私たちの人生になります。これが私たちの条件づけであり、永久の悲しみです。

思考の動きは美ではありません。思考は、絵画や大理石の彫刻や美しい詩など、美しいと思われるものをつくることはできますが、それは美ではありません。美は至高の感受性です。自分の苦痛や不安の感覚に対する感受性ではなく、人間の全存在を包み込む感受性です。〈私〉の流れが完全に乾き切ったときにのみ、美があります。〈私〉がないとき、美があります。自我を捨てることで、美への情熱が生じます。

私たちはこれらの手紙で精神の堕落について、一緒に論じてきました。あなた方の吟味や研究のために、この堕落のありかたをいくつか指摘しました。その基本的な活動のひとつが思考です。思考は精神の全体性をバラバラに解体します。全体は部分を含みます。しかし部分は、決して完全なものであることができません。思考は私たちの生活で、もっとも活動的な部分です。〈感情〉は思考と共に進行します。本質的にそれらはひとつなのですが、私たちは分けて考える傾向があります。私たちはそれらを分けてしまったので、感情、感傷、ロマンティシズム、帰依を、非常に重要視します。しかし思考は、ネックレスの糸のように、それらすべてを通して織り込まれ、隠れた状態で、活発に、統制し形づくっています。私たちは「自分の深い感情は、本質的に思考とは異なるものだ」と考えたがるのですが、思考はいつもそこに在るのです。そこにはたいへんな錯覚、ごまかしがあるわけですが、それはかえって高く評価されています。そして不誠実さに導きます。

既に述べたように、思考は私たちの日常生活の現実です。いわゆる神聖な書物も、すべて思考の産物です。それらは天啓として崇拝されるかもしれませんが、本質的には思考です。思考は、タービン・エンジン、地球上の大寺院、ロケット、人間の敵意を、組み合わせました。思考は、戦争、人が使う言語、手や精神によってつくられるイメージに対して、責任があります。思考は人間関係を支配します。思考は「愛とは何か」「天とは何か」「不幸の痛みとは何か」を記述しました。人間は思考を崇拝し、大目的のための思考の巧妙さ、抜け目なさ、暴力性、残虐さを賛美します。思考は技術の大いなる進歩をもたらしましたが、それとともに破壊の能力も高めました。これが思考の物語であり、何世紀にもわたって繰り返されてきたのです。

なぜ人類は、そのように思考を特別に重視したのでしょうか？　たとえ思考は感覚によって活動させられるにしても、思考が私たちがもっている唯一のものだからでしょうか？　思考がずっと自然を支配でき、周囲のものを支配し、身体的な安定性をもたらしたからなのでしょうか？　思考は、人間がそれを用いて操作し、生活し、利益を受ける、もっとも主要な手段だからでしょうか？　思考が神々や救済者や超意識をつくり出して、不安、恐怖、悲しみ、羨み、罪を、忘れさせるからでしょうか？　思考が人々を、国家やグループや党派として、結合させるからでしょうか？　暗い人生に、希望を与えるからでしょうか？　毎日の退屈な生きかたから逃げ出す糸口を与えるからでしょうか？

将来がどうなるか分からないので、思考が過去の安定性、思考の傲慢さ、経験に対する主張を、提供するからでしょうか？　知識のなかに安定性があり、既知のものの確実性のなかに恐怖からの逃避があるからでしょうか？　思考が本質的に揺るぎない地位を占め、未知の事がらに対して立場を明確にするからでしょうか？　愛が説明や測定のできないものであるのに対して、思考は測定され、変化のない愛の動きに抵抗するからでしょうか？

私たちは、思考のまさに本質を、一度も議論したことがありませんでした。私たちは、目や足と同じように、思考を必然的なものとして受け入れています。私たちは、一度も思考の深さについて探ったことがありません。思考について議論したことがないので、思考が優位になるのです。思考は生活のいわば暴君であり、暴君というのはめったに問いただされません。

ですから、教育者として私たちは、思考を〈観察の明るい光〉に照らしてみましょう。観察の光は、直ちに錯覚を一掃するばかりでなく、その光の清澄さが、観察されているもののもっとも小さなところまで、明らかにします。既に述べたように、観察は定点から、つまり信念や先入観や結論などから、なされるのではありません。意見はどちらかと言えば見かけだおしであり、経験もまた同様です。経験を積んだ人は、彼が彼自身の知識にとらわれているだけに、危険な人物です。

そこであなたは、思考の動き全体を、並みはずれた清澄さで観察できるでしょうか？　その光は、解放です。解放と言っても、それは「あなたがあなたの都合や利益のために思考を攻略し、思考を使用する」ということを意味するのではありません。〈思考〉の観察は、まさに〈あなたの全存在〉の観察であって、この〈存在〉が〈思考〉によって、組み立てられてしまっているのです。思考が有限で限定されているのと同じように、あなたも有限で限定されています。

1st April 1979

私たちは〈精神の全体性〉になおも関心をもっています。精神は感覚、移り気な感情、頭脳の能力、そして常に休むことのない思考を含んでいます。これらすべてが精神であり、意識のさまざまな属性を含んでいます。全精神が活動しているときには、精神は境界がなく、たいへんなエネルギーと、後悔の影も報酬の約束もない行為とを、有しています。精神のこの資質、この全体性が、叡知です。この叡知を生徒に伝えて、彼らが叡知の意義をはやくつかめるように、援助できるでしょうか？　もちろんこれを成し遂げることが、教育者の責任です。

思考の能力は、欲望によって形づくられ、統制されます。ですからその能力は狭く限定されています。その能力は欲望の動きによって限定されていますが、欲望は感覚の核心をなすものです。野心は、頭脳の能力、つまり思考を、限定します。この能力は社会的および経済的要求によって、あるいはその人自身の経験と動機によって制限されます。それは理想や、さまざまな宗教的信念の拘束力や、絶え間のない恐怖によって、狭く限定されます。恐怖は快楽から分離していません。

感覚の核心をなすものである欲望は、環境、伝統、私たち自身の性向および気質によって、形づくられます。このようにして能力と、全エネルギーを要求する行為とは、私たちの安楽と快楽に従って条件づけられています。

欲望は私たちの生において有無を言わさぬ要因ですが、抑圧したり回避したりすべきではなく、丸め込んだり説得したりすべきではありません。むしろ理解すべきです。欲望の理解は、欲望を研究し、欲望の動きを観察することによってのみ、生まれます。欲望のもつ推進力を知ったとき、ほとんどの宗教的および宗派的な禁止は、欲望を「抑圧、統制、放棄すべきもの、すなわち、いわば神性あるいは原理に渡すべきもの」としてしまいました。しかし欲望を完全に否定するために人々が行なった無数の誓いが、欲望を焼き尽くしたことは、決してありません。欲望は存在します。

ですから私たちは、「欲望によって叡知が目覚めることはない」ということを心に銘記しながら、異なったやりかたで欲望にアプローチしなければなりません。月に行きたいという欲望は、莫大な技術的知識をもたらしましたが、その知識は限定された叡知でしかありません。知識はいつも特殊化されており、それゆえ不完全ですが、それに対して私たちが話している叡知は、精神の全体性の動きです。私たちに関心があるのはこの叡知であり、また叡知を教育者と生徒の両者に目覚めさせることです。

先に述べたように、能力は欲望によって限定されます。欲望は感覚、つまり新しい経験の感覚、新しいかたちの興奮の感覚、地上の最高峰に登る感覚、権力や地位の感覚です。これらはすべて頭脳のエネルギーを限定します。欲望は「安全だ」という錯覚を与えますが、安全を必要とする頭脳は、あらゆるかたちの欲望を助長し支持します。したがってもし私たちが、欲望に相応しい場所を理解しなければ、それは精神の堕落をもたらします。このことを理解することは、本当に大切です。

思考は、この欲望の動きです。何かを発見しようという好奇心は、より大きな感覚を求める欲望と、「安全だ」と錯覚するその確実性とによって、駆り立てられています。好奇心は、私たちの日常生活のなかにその重要性をもつ、莫大な量の知識をもたらしました。好奇心は観察において意義があります。

思考は精神の堕落にとって中心的な要因でしょうが、それに対して〈洞察〉は、行為の全体性への門戸を開きます。次の手紙では、洞察の意味全体について考えたいと思いますが、今は思考が、精神の全体性にとって、破壊的な要因であるかどうかについて、考察しなければなりません。私たちは既に、思考が破壊的要因であると言明しました。でもあなたが十分に、そして自由に吟味するまでは、そのことを受け入れないでください。

〈精神の全体性〉ということで私たちが意味するのは、〈無限の能力〉と、そこに測定できないほどのエネルギーがある〈完全な空虚さ〉です。思考はまさにその本質からして限定されており、その狭さを全体に課すわけですから、思考はいつも最前線にあります。思考は限定されていますが、それは思考が、経験を通して蓄積された記憶や知識の結果だからです。知識は過去であり、これまであったことはいつも限られています。記憶は未来を予測するかもしれません。その未来は過去と結びついており、それゆえ思考はいつも限定されています。思考は、もっと多いか少ないか、もっと大きいか小さいかというように、測定できます。この測定は、「私はこれまでこうだった」とか、「これからこうなるだろう」といった、時間の動きです。ですから思考は、いかに巧妙で、抜け目なく、活気に満ちているにしても、思考が支配しているときには、全体性を歪めてしまいます。それなのに私たちは、思考に最大の重要性を与えています。

この手紙を読んだ後で、もしも誰かが「あなたは思考の本質の意義と精神の全体性について把握したのですか？」と尋ねるかもしれません。そしてもしあなたが把握したのでしたら、あなたは、あなたが全面的に責任を負っている生徒に、このことを伝えることができるでしょうか？　これは困難なことです。

もしあなたが光をもっていなければ、他の人が光をもつことを、助けることはできません。あなたはそれについて非常に明晰に説明したり、言葉を選んで定義したりするかもしれませんが、だからといってそのことが真実への情熱をもつことはありません。

15th April
1979

どのようなかたちであっても葛藤や戦いは、精神を腐敗させます。精神は私たちの〈存在の全体性〉だからです。どのような類いのものであろうと、不和や矛盾があるときには、この資質は破壊されてしまいます。私たちはたいてい、不断の矛盾と葛藤の状態に生きていますので、完全性のこの欠如が、堕落へと向かわせます。ここでは「堕落させるこれらの要因を、果たして終わらせることができるかどうか」について、私たち自身で発見したいと思います。おそらくほとんどの人は、このことについて考えたことがないでしょう。私たちは、それを普通の生きかたとして受け入れてきたのです。

「競争と同じく、葛藤が成長をもたらすものだ」と、確信してきました。そしてそのためにさまざまな説明をします。たとえば「木は森のなかで光を求めてもがき、生まれたばかりの赤ん坊は、息をするのに一所懸命になり、母親は陣痛に苦しむ」などと説明します。私たちはこのことを受け入れて、そのような仕方で生きるように、条件づけられているのです。

これは幾世代にもわたる私たちの生きかたであり、「もしかすると葛藤のない生きかたがあるかもしれない」というどのような提案も、まったく信じられないように思われます。あなた方はそれを「理想主義的なナンセンス」として聞くか、あるいは即座に拒絶するかもしれません。そして、「少しの葛藤もないような人生の生きかたが可能である」とする言説に対して、「その言説になんらかの意義があるかどうか」について考えてみようとはしません。

私たちが清廉さに関心をもち、また、新しい世代をもたらす――それが教育者としての私たちの唯一の役割ですが――という責任に対して関心をもっているとき、あなた方はこの事実を探求できるでしょうか？　そして教育する過程において、あなた方が自分で発見していることを、生徒に伝えることができるでしょうか？

葛藤はいかなるかたちであれ、抵抗の徴候です。流れの速い川には、抵抗がありません。川は大きな石の回りを流れ、村や町を通ります。人間は人間の目的のために、川をコントロールします。自由とは結局のところ、「思考が思考自体のまわりに築いた抵抗が、存在しない」ということを、意味するのではないでしょうか？

〈誠実さ〉はとても複雑な事がらです。あなた方はどんなことに対して誠実ですか？　その理由は何ですか？　あなた方は自分に誠実であること、それゆえ他の人に対して公正であることができますか？　人が自分自身に向かって「人は誠実でなければならない」と言うとしたら、それは可能でしょうか？　誠実は、理想に属することでしょうか？　理想主義者は、誠実であることができるでしょうか？　理想主義者は、過去から導き出された未来に生きています。つまり彼は、〈これまでそうであったこと〉と〈かくあるべきこと〉との間に挟まれているので、決して誠実であることはできないのです。

あなた方は、自分に誠実であることができますか？　それは可能ですか？　あなた方は、時には矛盾しあうようなさまざまな行為の中心であり、また、いつもお互いが対立するようなさまざまな思考、感情、欲望の中心です。どれが誠実な欲望や思考であり、どれが誠実ではないのでしょうか？　これは単なる修辞的な質問でもなければ、才走った議論でもありません。「全面的に誠実である」ということが何を意味するのかを見出すことは、非常に重要です。なぜなら私たちは〈洞察〉および〈行為の直接性〉について、扱うつもりだからです。もし私たちが洞察の深遠さをつかもうとするなら、徹底的な清廉さ、つまり〈全体に対して誠実であるような清廉さの資質〉をもつことが、なによりも重要です。

人は理想、原理、心に深く染み込んだ信念に対して、誠実であるかもしれません。でもそれは誠実さなどではありません。誠実さは、二重性による葛藤がないとき、対立がないときにだけ、可能です。暗さと明るさ、夜と昼、男と女、高いと低いなどはありますが、それらを対立させ矛盾させるのは、思考です。

私たちは、人類が培ってきた心理的な矛盾について、述べています。愛は、憎しみや嫉妬に対立するものではありません。もしそうであるなら、それは愛ではありません。謙遜は虚栄心や自尊心や傲慢の反対なのではありません。もしそうであれば、それはなお傲慢や自尊心の一部ということになり、謙遜ではなくなります。謙遜は、これらすべてから、完全に離れています。謙遜な精神は、その謙遜さに気づきません。ですから誠実は、不誠実の反対ではありません。

人は自分の信念や自分の概念のなかでは実直であることができますが、しかしその実直さは葛藤をひき起こします。そして葛藤があるところには、誠実さはありえません。

そこで私たちは、「あなたは自分自身に対して誠実であることができますか?」と尋ねているのです。〈自分自身〉とは、お互いに交差したり支配し合ったりして、めったに一緒に流れることのないような、多くの動きが混じりあったものです。これらのすべての動きが一緒に流れるときに、誠実さがあります。

繰り返しますが、意識と無意識のあいだ、神と悪魔とのあいだには、分離があります。思考がこの分裂と、これらの分裂のあいだに存在する葛藤とを、もたらしました。善性にはいかなる対立もありません。

「誠実とは何か」についての、この新しい理解によって、次に「洞察とは何か」についての探求を行なうことができるでしょうか? これは非常に重要です。なぜなら洞察は私たちの行為に大変革を起こし、そして頭脳それ自体に変容をもたらす要因であるかもしれないからです。「私たちの生きかたは機械的になっている」と言いましたが、それは過去が、思考の源泉である蓄積されたあらゆる経験と知識によって、すべての行為を指示し、形づくろうとするからです。過去と未来は相互関係にあり、分離できないものであって、思考の過程はまさにこのことに基づいています。

思考はずっと限定されており、有限です。思考は、天まで達するふりをするかもしれませんが、その天というのは思考の枠のなかにあるのです。記憶は、時間と同じように、測定できます。この思考の動きは、決して新鮮で、新しくて、オリジナルであることはできません。したがって思考に基づいた行為は、常にバラバラで、不完全で、矛盾しているにちがいありません。この思考の動き全体は、生活の必要物や記憶されなければならない事がらのなかに、相対的な場所を与えられて、深く理解されねばなりません。それでは、記憶の延長ではないような行為とは何でしょうか？　それは〈洞察〉です。

〈洞察〉は、思考による注意深い推論でも、思考による分析的な過程でもなく、記憶によって時間と結合するような性質でもありません。それは〈知覚する者がいない知覚〉であり、その瞬間に起こることです。

この〈洞察〉から、行為がなされます。この洞察からすると、あらゆる問題の説明が正確で、確定的で、真実です。後悔や反作用はありません。それは絶対的です。愛の資質がなければ、洞察はありえません。洞察は、議論されたり特許を受けたりするような、知的な事がらではありません。この愛は、すべての知覚が同時に開花するときのような、〈敏感さのもっとも高次なかたち〉です。自分の欲望や問題に、また、自分の生活のあらゆる些細なことにとらわれない、この敏感さがなければ、洞察は明らかに不可能です。

洞察は〈ホリスティック〉です。〈ホリスティック〉というのは〈全体〉、つまり〈精神の全体〉を意味します。精神は人類のあらゆる経験であり、技術的な技能を備えた、また、悲しみや不安や苦痛や悲嘆や孤独をかかえた、膨大な蓄積された知識です。しかし洞察はこれらすべてを超えています。悲しみ、悲嘆、孤独からの自由は、洞察の核心です。洞察は連続的な動きではありません。また、思考によって捉えることもできません。

洞察は至高の叡知であり、この叡知は思考を手段として用います。洞察は、その美と愛とを備えた叡知です。それらは本当に分離できません。それらは実際ひとつです。これはもっとも神聖な〈全体〉なのです。

1st May 1979

学校は、日常生活に要求される知識についてだけではなく、あらゆる複雑さと精妙さを示す〈生の術《アート》〉について、学ぶ場です。私たちはこのことを忘れて、知識の皮相性に完全にとらわれているように思われます。知識はいつも皮相的で、生きる術を学ぶ必要はないと思われています。生きることが、ひとつの〈術《アート》〉だとは思われていません。人は学校を卒業すると学ぶことを止めてしまい、知識として蓄積したことに基づいた生を続けます。私たちは、「生が学習の全過程なのだ」とは決して考えません。生を観察してみると、日常生活は絶え間ない変化と動きであり、人の精神は、その精妙さに携わるのに十分なだけの、速さと鋭敏さをもちあわせていません。そこで出来合いの反応と執着によって臨むのです。

私たちの学校では、こうしたことを防げるでしょうか？　それは「人間は開かれた心をもたねばならない」ということを意味しているのではありません。一般に〈開かれた心〉というのは、ほとんど、あるいは何ひとつ保持しない、篩《ふるい》のようなものです。しかし速やかな知覚と行為が可能であるような精神こそ、必要なのです。行為の直接性を備えた〈洞察〉について、私たちが問う理由は、そこにあります。洞察は記憶の痕跡を残しません。既に理解されたように、一般に経験は、その残滓を記憶として残し、人はこの残滓から、行為します。そうやって行為は残滓を強化するわけですが、すると行為は機械的になってしまいます。それに対して、洞察は機械的な活動ではありません。

そこで学校で、「日常生活は、記憶としての残滓を強化するのではなく、不断の学習の過程であり、人間関係における不断の行為の過程なのだ」ということを、教えることができるでしょうか？　たいていの人には、痕跡こそが重要になってしまい、生の速い流れを失っています。生徒も教育者も、外面的および内面的に、混乱と無秩序の状態に生きています。人はこの事実に気づかないかもしれません。もし気づくことがあっても、外面的な事がらについてはすぐにそれを秩序づけるでしょうが、内面的な混乱と無秩序について気づくことは、めったにありません。

神は無秩序です。人間が考案した数え切れない神々、あるいはひとつの神、ひとりの救済者について考察し、それが世界にもたらした混乱を観察してごらんなさい。それがもたらした戦争、無数の分裂、別々の信念、シンボル、イメージについて、観察してごらんなさい。これが混乱や無秩序ではないのでしょうか？

私たちはこうしたことに慣れて、容易に受け入れています。それというのも、私たちの生活があまりにも退屈や苦痛に疲弊しているので、思考の考え出した神に慰めを求めるからなのです。これが数千年にわたる私たちの生きかたでした。あらゆる文明が神々を創案し、そしてその神々が、驚くべき暴政や戦争や破壊の原因となりました。神々を祭る建物は格別に美しいかもしれませんが、しかし内側には暗闇と、混乱の原因とがあります。

人はこれらの神々をわきに置いておくことができるでしょうか？　もし「なぜ人間の精神が政治的、宗教的、経済的な無秩序を受け入れ、そのなかで生きているのか」について考察すべきであるなら、人は神々をわきに置いておかなければなりません。この無秩序の原因、神学的原因ではなく無秩序の実際の原因は、何でしょうか？　無秩序の概念はわきに置いて、私たちの無秩序の実際的な日常の原因を、自由に調べることができるでしょうか？　何が秩序であるかについてではなく、無秩序についてです。

無秩序およびその原因について徹底的に探求したときにだけ、私たちは「何が絶対的な秩序であるのか」を突き止めることができるでしょう。私たちはしきりに「何が秩序であるのか」を突き止めたがっていますので、無秩序には我慢できません。そこで無秩序を抑圧して、抑圧によって秩序をもたらそうと考えがちです。ここで私たちは、単に「日常生活のなかに絶対的な秩序がありうるかどうか」を問うているのではなく、「この混乱を終わらせることができるかどうか」についても、問うているのです。

ですから、私たちにまず関心があるのは、無秩序と無秩序の原因についてです。その原因は思考にあるのでしょうか？　矛盾した欲望にあるのでしょうか？　恐怖と、安定性を捜し求めることにあるのでしょうか？　快楽を絶えず求めることにあるのでしょうか？　思考は無秩序の原因のひとつでしょうか、それとも主要な原因なのでしょうか？

これらの疑問を問うのは筆者だけではなく、あなた方も問うのです。ですからどうかこのことを、いつも心のなかにもち続けてください。原因を教えてもらい、それを言葉の上で繰り返すのではなく、あなた方がその原因を見つけ出さなければなりません。

既に指摘したように、思考は有限で、限定されています。そして限定されたものはどんなものでも、たとえその活動がどれほど広範であっても、必ず混乱をひき起こします。限定されたものは分割可能であり、それゆえに破壊的で混乱を起こします。私たちは思考の本質と構造について十分に調べました。思考の本質を洞察することは、思考に対してそれに相応しい場所を与えること、したがって思考がその圧倒的な支配を失うことです。

欲望と変化する欲望の対象とは、私たちの無秩序の原因のひとつでしょうか？　欲望を抑圧することは、あらゆる感覚を抑圧すること、つまり精神を麻痺させることです。私たちは、「それが欲望を終わらせる容易で手っ取り早いやりかただ」と思うのですが、欲望を抑圧することはできません。欲望はあまりに強く、あまりに精妙なのです。あなた方は欲望を手につかまえて、それを自分の望みどおりに編成することはできません。そんなことをすれば、それはまた別の欲望になります。欲望については以前の手紙で論じました。別の正しい欲望、あるいは悪い欲望によって、欲望を抑圧したり変形したり腐敗させることはできません。欲望は何をどうやってみても、やはり感覚と欲望のままです。啓発への欲望とお金への欲望は、対象は違いますが、同じ欲望です。欲望なしに生きることができるでしょうか？　それとも事態を変えるためには、欲望が付け加わることなしに、諸感覚が最高に活発であることが可能でしょうか？

感覚的活動には、心理的活動と身体的活動とがあります。身体は暖かさ、食べ物、性を求めます。また身体的苦痛などがあります。これらの感覚は自然なのですが、それが心理的な領域に入ってくると、トラブルを起こします。そこに私たちの混乱があるのです。このことを理解すること、特に若いうちに理解することが重要です。

抑圧したり誇張したりしないで身体的な感覚を観察すること、そして身体的な感覚が心理的な内面の領域――身体的感覚はそれに属してはいません――に浸透しないように警戒し、油断しないことです。それが私たちにとって難しいのです。全体の過程は非常に速く起こります。なぜなら私たちはこのことを分かろうとしないし、理解しないからであり、「現実に何が起こっているのか」と吟味しないからなのです。

〈刺激するもの〉に対する直接的で感覚的な応答があります。この応答は自然なものであり、思考や欲望の支配下にはありません。これらの感覚的応答が心理的な領域に入ってくるとき、私たちの困難な情況が始まります。刺激するものは、女性や男性、何か楽しいこと、食欲をそそるもの、あるいは素敵な庭かもしれません。それに対する応答は〈感覚〉であり、この感覚が心理的な領域に入るとき、〈欲望〉が起こり、そしてその〈イメージを備えた思考〉が、〈欲望の充足〉を求めるのです。

「自然な身体的応答が心理的な領域に入るのを、どうやって防ぐか？」というのが、私たちの問題です。それは可能でしょうか？　それはあなた方が、刺激するものの本質を非常に注意深く観察し、応答を念入りに見守るときにだけ、可能です。この全面的な注意は、身体的応答が内面の心に入っていくのを、防ぐことでしょう。

私たちは欲望とそれの理解とに関心をもっているのであり、抑圧や逃避や昇華といった粗暴な要因に関心をもっているのではありません。あなた方は欲望なしには生きられません。空腹なときには、食べ物が必要です。しかし理解すること、つまり欲望の全活動を探求することは、欲望に対してそれに相応しい場所を与えることです。そうすれば欲望は、私たちの日常生活のなかで、無秩序の原因になることはないでしょう。

15th May
1979

人間が人間に対して行なったことには限度というものがありません。人間は人間を拷問にかけ、火あぶりに処し、殺害し、可能な限りの方法で宗教的、政治的、経済的に食いものにしました。それが人間が人間に対して行なってきたことです。利口な人がぼんやりした人、無知な人を食いものにします。あらゆる哲学は知的ですが、それが故に全体ではありません。その哲学が人間を隷属させてきました。哲学は「社会がどうあるべきか」を考え出し、人間をその概念の犠牲にしました。すなわち、いわゆる思想家たちの理想が、人間を非人間化したのです。

男性であろうと女性であろうと、他の人を食いものにすることが、私たちの日常生活の流儀であるように思われます。私たちはお互いを利用し、お互いがそうした扱いを受け入れています。こうしたお互いに利用し合うような特別な人間関係から、〈依存〉が生じます。依存には、それ特有のあらゆる不幸と混乱と苦しみが一緒になっています。人間は内面的にも外面的にも、自分自身に対しても他の人々に対しても、頼りないものなのです。このような情況にあって、どうして愛がありうるでしょうか？

ですから教育者が、生徒だけでなく、全人類に対する個人的関係においても、全面的な責任を感じることが、とても大切になります。教育者は人類なのです。もし彼が自分自身に対して全面的な責任を感じるのでなければ、彼は全面的責任へのこの情熱を、つまり愛を、感じることはできないでしょう。あなたは教育者として、この責任を感じますか？　もし感じないとすれば、どうしてなのでしょうか？

あなたは、自分の妻や夫や子どもに対しては責任を感じるものの、他の人のことは無視したり責任を感じなかったりするかもしれません。しかしもしあなたが、自分のなかにおいて完全な責任を感じるのであれば、人間全体に対して責任をもたないわけにはいきません。

「なぜあなたは他の人に対して責任を感じないのか」というこの問いはとても大切です。責任感は感情的反応でもなければ、責任を感じるためにあなたが自分に課すようなものでもありません。そうであるのならば、それは義務になってしまいます。そして義務ということになれば、全面的な責任感というこの内面的な資質の香りや美しさを失います。全面的な責任感は、ちょうどイスや時計をもつのと同じように、それを保持するために、原理や観念として求めるようなものではありません。

母親は自分の子どもに責任を感じて、つまり「この子は自分の肉体の一部だ」と感じて、赤ん坊に数年間、あらゆる配慮と注意を与えます。この母親らしい本能は、責任感なのでしょうか？　子どもに対するこの特別の愛着は、最初の動物から遺伝的に受け継いでいるのかもしれません。それはもっとも小さな鳥から堂々とした象に至るまでの、あらゆる本性のなかに存在しています。「この本能は責任感なのだろうか？」と尋ねているのです。もしそうであるのなら、両親は、正しい教育に対する責任、今とはまったく異なった社会への責任を、感じることでしょう。それはいかなる戦争もない、両親自身が善性を開花させるような社会への責任です。

ところが人間は、他の人のことは気にかけずに、自分自身のことだけにかかわっているように思われます。この自分へのかかわりは、まったくの無責任です。自分の感情、自分の私的欲望、自分の愛着、自分の成功、自分の昇進。これらは公然の、あるいは知らぬ間に作用する〈無情さ〉を生み出します。これが本当の責任感のありかたでしょうか？

私たちの学校では、与える者も受け取る者も、共に責任があります。ですから無情さという、分離に特有のこの資質に、決しておぼれることはできません。おそらく利己的な分離は、私たちが深く関心をもっている〈精神の全体性〉を堕落させてしまう、まさにその原因なのです。

これは「愛情、優しさ、励まし、支持などを示すような、〈個人的な人間関係〉がまったくない」ということを意味しているわけではありません。しかし「個人的な人間関係だけを大切にして、少数の人に対してだけ責任をもつ」ということになると、災いをもたらし始めます。この事実はすべての人に知られています。人間関係のこの分断は、私たちの生活において、堕落をひき起こす要因です。

私たちは人間関係をバラバラに解体してしまっているので、人間関係は、ある特定の人物に対する関係、ある特定のグループに対する関係、国家に対する関係、ある概念に対する関係などになってしまっています。分断されたものは、責任の全体性を包むことはできません。私たちはいつも、小さいものによって、大きいものをつかもうとします。〈もっとよい〉〈もっとよいもの〉は〈よいもの〉ではありません。ところが私たちの思考はすべて〈もっとよい〉〈もっと多く〉――もっとよい試験の成績、もっとよい仕事、もっとよい地位、もっとよい神々、もっと高尚な観念など――に基づいています。

〈もっとよい〉というのは、比較の結果です。もっとよい絵、もっとよい技術、もっと偉大な音楽家、もっと才能に恵まれている、もっと美しい、もっと知的であるなどは、この比較によるものです。私たちはまれにしか、絵そのもの、男性あるいは女性のその人自身を見ようとしません。いつも比較への、この生まれつきの資質があるのです。愛は比較でしょうか？　あなたは、「自分はあちらよりもこちらの方を愛している」と言えるでしょうか？　この比較があるとき、それは愛なのでしょうか？　〈もっと多く〉という感じがあるとき、それは測定であり、思考が働いています。愛は思考の動きではありません。この測定は比較です。私たちは生涯を通じて、比較するように勧められます。あなたの学校で、BをAと比較するなら、その両者をだめにしてしまいます。

したがって、いかなる意味においても比較することなく、教育ができるでしょうか？　なぜ、私たちは比較するのでしょうか？　私たちが比較をするのは、「測定が思考の方法であり、生の方法である」という単純な理由からです。私たちはこの腐敗のなかで教育されています。〈もっとよい〉はいつも、〈ありのまま〉〈現実に起きていること〉よりも高尚だとされています。しかし、比較も測定もない〈ありのままの観察〉こそが、〈ありのまま〉を超えて行くのです。

比較がないときに、〈清廉さ〉があります。清廉さは「あなたは、あなた自身に忠実だ」ということではありません。そうであれば、あるかたちの測定になります。しかし測定がまったくないときには、〈全体性の資質〉があります。自我の核心、つまり〈私〉は、測定です。測定があるときには、断片化があります。このことはひとつの観念としてではなく、現実として、深く理解されねばなりません。

ここで述べたことを読むとき、あなた方はそれをひとつの観念や概念として抽象化するかもしれませんが、抽象化は別のかたちの測定です。〈ありのまま〉には、測定がありません。どうか心を用いて、このことを理解してください。もしあなた方がこのことの意味を十分に把握すれば、あなた方と生徒との関係やあなた方の家族との関係は、何かまったく違ったものになることでしょう。ですがもしあなた方が、「その〈違ったもの〉というのは〈もっとよいもの〉

なのだろうか」と問うのであれば、あなた方は測定の輪の範囲に取り込まれてしまいます。それではだめなのです。あなた方が言葉を〈非 比較的に〉用いるときに、違いが分かることでしょう。私たちが用いるほとんどすべての言葉は、この測定の感じをもっていますので、言葉は私たちの反応に影響を与え、反応は比較の感覚を深めます。言葉と反応は相互に関係し合っており、〈術〉は「言葉によって条件づけられないこと」に在るのです。それは「言語が私たちを形づくらない」ということを意味しています。言葉を、言葉に対する心理的反応がないようにして、用いなさい。

既に述べたように、私たちは「精神の堕落の本質や、私たちの生きかたについて、お互いにコミュニケーションすること」に関心をもっています。〈熱中〉は〈情熱〉ではありません。あなた方はある日何かに熱中するかもしれませんが、次の日にはさめてしまいます。あなた方はフットボールに熱中するかもしれませんが、それがあなた方を楽しませないようになると、興味を失います。しかし情熱は何かまったく異なるものです。情熱には時間によるずれがありません。

1st June
1979

両親は一般に、子どもが赤ん坊のときを除けば、子どもたちに割く時間がほとんどありません。両親は子どもたちを、地元の学校や寄宿学校に入れるか、他の人に世話をさせます。両親には時間がないか、あるいは子どもを家で教育するだけの根気がないのかもしれません。彼らは、自分自身の問題で心がいっぱいなのです。ですから私たちの学校が、子どもたちの家になるように、教育者があらゆる責任をもって両親になるようにします。このことは以前にも述べましたが、それを繰り返すのは場違いではありません。家というのは、ある自由があり、安全であるという感覚、扶養され保護されているという感覚がある場です。

私たちの学校で子どもたちは、そのように感じているでしょうか？　「注意深く見守られ、たくさんの思慮と愛情とが与えられ、自分の行動や食べ物や衣類やマナーに対して関心が向けられている」と子どもたちは感じているでしょうか？　もし感じているのでしたら、学校は、生徒がそのあらゆる意味において「本当に家にいる」と感じる場所、「自分の好みや話し方に気を配る人が、回りにいる」と感じる場所、「心理的にも身体的にも世話をされている、怪我をしたり恐れたりしないように助けてくれている」と感じる場所になっています。これは私たちの学校の教師全員の責任であり、一人か二人の教師の責任というわけではありません。学校全体がこのことのために、教育者と生徒の両方が善性を開花させるような雰囲気のために、存在しているのです。

教育者には〈閑暇〉が必要ですが、それはひとりで静かにしていたり、消費されたエネルギーを蓄えたり、彼自身の個人的な問題に気づき、それを解決するためです。そうすれば彼が再び生徒と会ったときには、彼の個人的な騒動についてのうわさや悪評を伝えることはないでしょう。以前にも述べたように、生活で生じるあらゆる問題は、直ちに、できるだけ早く、解決されなければなりません。それというのも問題というのは、一日また一日と持ち越されると、〈全精神の鋭敏さ〉を堕落させるからです。この鋭敏さは本質的なものです。

私たちが生徒に単に教科だけを教えるとすれば、私たちはこの鋭敏さを失います。教科が唯一重要になれば、鋭敏さは色褪せてしまい、あなた方は生徒との接触を本当に失ってしまいます。すると生徒は、情報を蓄える単なる容器に過ぎないことになります。そしてあなた方の精神も生徒の精神も、機械的になってしまいます。私たちは概して、自分自身の問題、欲望、思考には敏感ですが、他の人に対してはめったに敏感ではありません。私たちが絶えず生徒と接触していると、私たち自身のイメージを生徒に押しつける傾向があります。あるいはもし生徒が彼自身の強いイメージをもっていたら、双方のイメージの間で葛藤が生じます。ですから教育者は、自分のイメージは家に残したままにしておいて、両親や社会が生徒に課すイメージ、あるいは生徒自身が作ったイメージにかかわるようにすることが、非常に大切です。関係が成立するのは、役割においてだけであり、一般に二つのイメージの間の関係というのは錯覚でしかありません。

身体的および心理的な問題は、エネルギーを浪費させます。私たちの学校では、教育者は身体的に安全で、さらに心理的な問題からも解放されていることが可能でしょうか？　このことを理解することは、本当に重要です。この意味の身体的安全性がないときには、その不確かさが心理的動揺をもたらします。それは精神を鈍化させますので、日常生活に不可欠な〈情熱〉が衰弱して、〈熱中〉がそれにとって代わります。

〈熱中〉は、それが決して一定しないだけに、危険なものです。熱中は波のように高まり、去ってしまいます。熱中は真剣さと取り違えられます。あなた方は自分のやっていることに、しばらくの間は熱中し、熱望し、積極的であるかもしれませんが、元来それは気晴らしです。繰り返しますが、私たちがこのことを理解することは、きわめて重要です。それというのも、ほとんどの関係には、この浪費の傾向があるからです。

〈情熱〉は渇望、興味、熱中とはまったく異なります。何かあるものについての興味がとても深く、その興味を利益や権力のために用いることができるかもしれませんが、しかしその興味は情熱ではありません。興味はある事物やある観念によって、刺激されるかもしれません。興味は放縦です。情熱は、自我から自由です。熱中は、いつも何かあるものについての熱中です。情熱はそれ自体〈炎〉です。熱中は別のもの、あなたの外にある何かによって、ひき起こすことができます。しかし情熱はエネルギーの総和ですが、そのエネルギーは、いかなる類の刺激の所産でもありません。情熱は自我を超えています。

教師たちはこの情熱への感覚を持っているでしょうか？　それというのも、そこから創造が生まれるからです。教科を教えることにおいて、情報が精神を機械的にすることのないような、新しい情報伝達の方法を見つけなければなりません。あなた方は歴史を、つまり人類の物語を、インドや英国やアメリカなどの物語としてではなく、全世界の人間の物語として教えることができますか？　そのようにすれば、教えることへのまったく異なったアプローチを発見して、教育者の精神はいつも新鮮で、熱心になるでしょう。そうすることで教育者は非常に生き生きして、この生き生きしていることが情熱につながります。

こうしたことが私たちのすべての学校で行なわれているでしょうか？　なぜなら私たちは、今とは異なる社会をもたらすこと、善性の開花、非機械的な精神に関心をもっているからです。真の教育はこうしたことなのです。

あなた方教育者はこの責任を引き受けますか？　その責任のなかにこそ、あなた方自身や生徒の善性の開花があるのです。私たちは、人類全体――それはあなた方であり生徒であるのですが――に対して責任があります。あなた方はそこから出発して、地球全体をカバーするようにしなければなりません。

もしあなた方が非常に身近なところから出発すれば、非常に遠くまで行くことができます。一番身近なのはあなた方であり、あなた方の生徒たちです。私たちは概して、もっとも遠いものから、すなわち至高の原理、もっとも偉大な理想などから出発して、空想的な思考の漠然とした夢のなかに迷い込んでしまいます。しかしもしあなた方が非常に身近なところ、すなわちあなた方自身から出発すれば、全世界が開かれます。なぜならあなた方は世界であり、あなた方を超えた世界というのは、ただ自然だけだからです。自然は空想的なものではありません。それは現実であり、あなた方に今起こっていることも、現実です。現実から、今起こっていることから、始めなければなりません。〈今〉というのは、時間が無いのです。

15th June
1979

たいていの人は利己的です。しかも自分の利己主義を意識していません。それがたいていの人の生きかたです。たとえもし「自分は利己的だ」と気づいても、そのことを非常に注意深く隠して、社会――それは本質的に利己的ですが――のパターンに適合しようとします。利己的な精神はまったく抜け目がありません。それは容赦なく公然と利己的であったり、多くのかたちをとったりします。

もしあなたが政治家であれば、利己主義は権力や地位や人気を求めます。つまり観念や任務や公益のためのあらゆるものと結びつくのです。もしあなたが暴君であれば、利己主義は容赦ない支配に表われます。もしあなたに宗教的な傾向があれば、利己主義は何らかの信仰や教義に対する崇拝、帰依、信奉のかたちをとります。利己主義はまた家族のなかにもあらわれて、父親は彼自身の利己主義を、彼の生活のすべてのやりかたのなかで続けます。母親も同じです。名声、繁栄、よい顔立ちなどは、〈自我〉のこの隠れた忍び込むような利己主義の動きの拠り所になります。聖職者がどれほど神の愛を宣言し、その特別な神性について彼らがつくりあげたイメージに対する信奉を宣言しても、利己主義は聖職者の階級的構造のなかにあるのです。産業界の首脳たちも、そして単なる事務員も、この膨脹し無感覚に麻痺させるような、自我の官能性をもっています。

世のならわしと縁を切った修道僧は、地球上を放浪するかもしれません。あるいはどこかの僧院のなかに閉じこもってしまうかもしれません。しかし自我のこの終わりのない動きを捨ててはいません。彼らは名前を変え、ローブを身に付け、独身や沈黙の修道生活に入るかもしれませんが、しかし何かある理想やイメージやシンボルに燃えているのです。

それは科学者や哲学者や大学の教授でも同じです。よい仕事をする人、聖人や導師、貧しい人のために果てしなく働く男や女の人――彼らはみんな仕事のなかで自分自身をなくそうとしていますが、仕事は自我の本質的な部分なのです。彼らは自己中心性を労働に転じたわけです。自己中心性は子ども時代から始まり、老齢まで続きます。知識の過大評価、指導者の上手な謙遜、服従する妻と支配する夫、みんなこの病弊をもっています。自我は国家、永遠のグループ、永遠の観念や大義などと結びつきますが、自我は相変わらず、それが最初にあったときのままです。

多くの不幸と混乱をひき起こすこの〈中心〉から自由になるために、人間はさまざまな実践やメソッドや瞑想を試みましたが、影と同じように、自我は決して捕えられません。自我はいつもそこにあり、あなたの指の間や精神をすり抜けてしまいます。ときどき自我は、情況に応じて強められたり、弱くなったりします。あなたが自我をこちらで隅に押し込むと、自我はあちらで現われます。

「自我がいかに有害なものであるか」「私たちの生活において自我がいかに腐敗させ、歪める、危険なものであるか」について、新しい世代に対して責任を負っている教育者が、言葉の上だけではない理解をしているでしょう。教育者は、「いかにして自我から自由になるか」を知らないかもしれませんか、人は疑問に思うでしょう。教育者は、「いかにして自我

「自我がいかに有害なものであるか」「私たちの生活において自我がいかに腐敗させ、歪める、危険なものであるか」について、新しい世代に対して責任を負っている教育者が、言葉の上だけではない理解をしているかどうか、人は疑問に思うでしょう。教育者は、「いかにして自我から自由になるか」を知らないかもしれません。自我がそこにあることに、気づいてさえいないかもしれません。しかしいったん自我の動きの本質が分かれば、彼または彼女は、自我の精妙さを生徒に伝えることができるでしょうか？　そうするのが彼の責任ではないでしょうか？

自我の働きの洞察は、学問的な学習よりも重大です。知識は、自我自身の拡大や自我の攻撃性のために、また自我に固有な残虐さのために、自我によって用いられることができます。

利己主義は私たちの生の核心をなす問題です。適合と模倣は、競争と才能への無情さとがそうであるように、自我の本質的な部分です。私たちの学校で教育者が、この問題を心から真剣に取り上げるとすれば——そうすることを望みますが——、では彼はどうやって生徒が〈無我〉であるように、手助けできるでしょうか？　「無我は、不思議な神々からの贈り物である」あるいは「無我などは不可能なこととして、無視しなさい」と、あなた方は言われるかもしれま

せん。しかしもしあなた方が真剣であるなら――人はそうでなければなりませんが――、そして生徒に対して全面的に責任をもつなら、この永久の結合エネルギーから、すなわち多くの悲しみをひき起こす自我から、どうやって精神を自由にし始めるでしょうか?

「怒って話をしたり、誰かを叩いたり、うぬぼれたりしていると、その結果がどうなるのか」について、深く配慮しながら――それは愛情を意味しますが――簡単な言葉で説明してあげてはどうでしょう? ある生徒が「これは私のものです」と主張したり、「私がそれをやりました」と自慢したり、怖いからといってある行為を避けたりするときには、「それはひとつずつレンガを積み上げるように、自分の回りに壁を作ることになるのだ」と説明してあげることはできないでしょうか? 生徒の欲望や感覚が、彼の理性的な思考を圧倒しているようなら、「自我の影が大きくなっているよ」と指摘してあげることはできないでしょうか? 「その外観はどうであろうと、自我があるところには、愛はないのだ」と言ってあげることはできないでしょうか?

しかし生徒は教育者にむかって「あなたはこうしたことすべてを実現できているのですか、それとも言葉で言っているだけではないのですか?」と尋ねるかもしれません。その質問こそ、あなた方自身の叡知を目覚めさせ、その叡知があなた方に、答えとしての適切な感情と適切な言葉を与えるでしょう。

教育者として、あなた方はなんら高い地位をもちません。あなた方は生徒と同じく、生のあらゆる問題をかかえた人間です。あなた方が高い地位から話をする瞬間に、あなた方は実際、人間的な関係を破壊しているのです。高い地位は権力を意味し、あなた方が意識的あるいは無意識的にこれを求めるときには、無慈悲な世界に入り込むでしょう。

私の友であるあなた方には、大きな責任があります。そしてもしあなた方が、この全面的な責任——それは愛なのですが——を負うのであれば、自我の根源は消滅します。こうしたことを言うのは、励ましとしてではありません。あるいは、あなた方に「これをしなければならない」と感じさせるために、言うのでもありません。私たちはみんな人間であり、それぞれが全人類を代表しているので、私たちがそれを選ぶにせよ選ばないにせよ、私たちはまったくの全責任を負っているからこそ、言っているのです。あなた方はそれを回避しようとするかもしれませんが、そうした動きは自我の行為です。〈知覚の清澄さ〉が、〈自我からの解放〉です。

1st July
1979

善性の開花は、私たちの全エネルギーの解放です。エネルギーを統制したり抑圧したりすることなく、この莫大なエネルギーが完全に自由であることです。エネルギーは思考によって、また、私たちの感覚の断片化によって、限定され制限されます。思考自体が、自らを狭い溝の中へ、自我の中心へと巧みに操ろうとするこのエネルギーなのです。善性の開花は、エネルギーが自由であるときだけ可能です。しかし思考は、その本質からして、このエネルギーを限定し、それによって知覚を断片化してしまいます。このことから、知覚、感覚、欲望、〈思考が欲望からつくりだすイメージ〉が、生じます。これらはすべてエネルギーの断片化です。

この限定された動きは、その動き自体に気づくことができるでしょうか？　すなわち知覚は、その知覚自体に気づくことができるでしょうか？　欲望は、「欲望が知覚から、また、思考がつくり出したイメージに対する感覚から生じている」ということが、分かるでしょうか？　思考はその思考自体に、その動きに、気がつくことができるでしょうか？　これらのことはすべて、「全物質的身体は、身体自体に気づくことができるだろうか?」ということを意味しています。

私たちはいろいろな知覚によって生きています。普通はそれらのうちのひとつが支配的です。つまり、聞くこと、見ること、味わうことは、お互いバラバラに分離しているように思われています。しかしそれは事実でしょうか? それとも私たちが、あるひとつのもの、あるいは別のものを、より重視しているからでしょうか? あるいはむしろ、思考が重視しているからでしょうか? 人は偉大な音楽を聴いて、それを大いに楽しむのに、別のことに対しては鈍感であるかもしれません。敏感な味覚をもっているのに、繊細な色彩に対してはまったく鈍感な人もいます。これは断片化です。それぞれの断片が、それ自体にしか気づいていなければ、断片化は続行します。こうしてエネルギーは衰弱します。

もしこの通りなら——そう思われますが——〈全知覚による非断片的な気づき〉があるのでしょうか? 思考は、いろいろな知覚にとって、本質的な部分です。このことが意味するのは「身体は、身体自体に気づくことができるだろうか?」ということです。「あなた自身の身体に、あなたが気づくのではなくて、身体それ自体が気づいている」ということです。それを突き止めることは、とても重要です。それは他の人から教えてもらうわけにはいきません。教えてもらっても、それは思考が思考自体に押しつける、受け売りの情報にすぎません。「全有機体、身体的存在が、それ自体に気づくことができるかどうか」について、あなた方は自分で発見しなければなりません。あなた方は腕や脚や頭の動きに気づき、また、その動きを通して「自分は全体に気づくようになっている」という知覚に気づくかもしれません。しかし私たちが尋ねているのは、「身体は、いかなる動きもなしに、それ自体に気づくことができるだろうか?」ということです。

思考は、思考のパターンを身体に押しつけるわけですから、「何が思考の考える適切な運動であり、適切な食べ物であるか」などについて突き止めることが、不可欠です。したがって、思考による有機体の支配があるのです。思考と有機体のあいだには、意識的あるいは無意識的に戦いがあります。このようにして思考は、身体自体の自然な叡知を破壊しているのです。

身体、つまり物質的有機体は、それ自体の叡知を有しているのでしょうか? あらゆる知覚が一緒に調和して働くとき、それゆえ緊張がなく、欲望に対する感情的あるいは知覚的欲求がないときには、身体は叡知を有しています。空腹なとき、人は食べます。しかし普通は、習慣によって形づくられた味覚が、食べ物について命令します。断片化が生じるのです。健康な身体は、全知覚の調和――それが身体自体の叡知です――を通じてのみ、もたらすことができます。私たちが尋ねているのは、「不調和はエネルギーの浪費をもたらすのではないか?」ということです。有機体自体の叡知――これは思考によって抑圧され、破壊されてきましたが――を目覚めさせることができるでしょうか?

記憶は身体を荒らします。昨日の快楽の記憶は、思考を身体の主人にしてしまいます。身体は主人の奴隷になり、叡知は否定されてしまいます。そこに葛藤があります。この戦いは、怠惰、疲れ、無関心、神経質な反応などとして、あらわれるかもしれません。身体が、思考から解放された身体自体の叡知を有しているときには、思考がその重要部分ではあっても、この叡知は、それ自体の安らぎを守ることでしょう。

快楽は私たちの生を、そのもっとも粗野なかたち、あるいは巧みなかたちで、支配します。そして快楽は、本質的に想起——それまであったもの、または予期されるもの——です。快楽は、決して現在ではありません。快楽が否定されたり抑圧されたり妨げられたりすると、その欲求不満から、暴力や憎しみなどの神経質な行為が起こります。そこで快楽は、その他のかたちやはけ口を求めます。満足や不満足が生じます。これらすべての身体的および心理的活動に気づくには、自分の生の動き全体を観察することが必要です。

身体が身体自体に気づくときには、私たちはさらにその次の、おそらくもっと難しい問題を、すなわち「思考——それはこの全意識をつくり出したのですが——は、思考それ自体に気づくことができるだろうか？」と、問うことができます。ほとんどいつも、思考は身体を支配しており、それゆえ身体は、その活力、叡知、それ自体に固有なエネルギーを失って、神経質な反応をします。身体の叡知は、完全な叡知——それは、思考が思考自体の限界を自覚して、思考に相応しい場所を見つけるときにだけ、生じるのですが――とは異なるのでしょうか？

この手紙の最初のほうで述べたように、善性の開花は、全エネルギーが解放されるときにだけ可能です。この解放には、あつれきがありません。その開花が起こるのは、この至高の、分割されない叡知においてだけです。この叡知は、理性の産物ではありません。この叡知の全体性は、慈悲なのです。

人類は、この巨大なエネルギーを解放しようとしましたが、その手段としたのは、さまざまなかたちの統制、心身を疲れさせるような規律、断食、ある最高の原理や神に捧げられる献身的な自制、あるいはこのエネルギーをさまざまな状態に操作することなどによってでした。これらはすべて、求められる目的へ向けての、〈思考の操作〉を意味しています。しかし、私たちが言っているのは、そうしたこととはまったく反対のことです。こうしたことはすべて、生徒に伝えられるでしょうか？　そうすることが、あなた方の責任です。

15th July
1979

　自己中心的な行為から解放された、人類の新しい世代をもたらすことが、私たちの学校の関心事です。このことに関心をもっている教育センターは、他にはありません。それ自体のなかにどのような葛藤もない精神をもたらすこと、そして、私たちの回りの世界における戦いや葛藤を終わらせることが、教育者としての私たちの責任です。複雑な構造と動きをもつ精神は、その精神が編成したネットワークから、自らを解放できるでしょうか?

　知的な人は誰でも、「人間と人間の間の葛藤を終わらせることができるかどうか」を尋ねます。その問題をとても深く、知的に研究する人もいれば、その望みのなさを見て取って、恨んだり冷笑的になったりする人もいます。また、「ある外部の機関が、自分たちの混乱状態と不幸から救ってくれるのではないか」と期待する人もいます。

「精神は、精神のつくった牢獄から、自らを解放できるかどうか」と私たちは尋ねましたが、それは知的な質問でもなければ、修辞的な質問でもありません。まったく真面目に尋ねたのです。それはあなた方の都合のよいときに、気楽に応答すればよいのではなく、その問いかけの深遠さに従って、あなた方が応答しなければならないような問いかけです。それを延期することはできません。

〈問いかけ〉は、「それが可能かどうか」を尋ねているのではありません。「精神が自らを解放できるかどうか」という問いかけは、もしそれになにか価値があるとすれば、直接的かつ峻烈です。その問いかけに応答するためには、あなた方もその峻烈さと直接性に対する資質、それに対する感情をもたなければなりません。この峻烈なアプローチがあるときには、その質問は大きな意味をもちます。

その問いかけは、最高の卓越性をあなた方に求めますが、知的な卓越性ではなく、あなた方の存在のあらゆる能力による卓越性です。この問いかけはあなた方の外部にあるのではありません。どうかそれを外面化しないでください。外面化すると、その概念を作ることになります。あなた方は自分自身に、あなた方のあらゆるエネルギーの全体性を求めているのです。

この要求は、あらゆる統制、あらゆる反駁を、それにあなた方自身のなかのどのような対立をも、一掃します。それは全面的な清廉さ、完全な調和を意味します。これは、利己的でないことの核心をなすものです。

感情的な反応を示す精神、思考がつくり出したあらゆるものを備えた精神は、私たちの〈意識〉です。この意識は、その内容に関しては、あらゆる人間の意識です。私たちの意識は修正されるし、完全に類似しているわけではなく、そのニュアンスと精妙さは異なっていますが、しかし基本的には意識の存在の根源は、私たちみんなに共通です。科学者と心理学者はこの意識を調べ、導師は自分の目的のために意識をもてあそんでいます。真面目な人は意識を概念として、脳の反応やアルファ波などといった実験室の過程として、彼らの外部にある何かとして、調べます。ですが私たちは、意識についての理論や概念や観念に関心をもっているのではなく、私たちの日常生活における意識の活動に関心をもっているのです。これらの活動、日常の反応、および葛藤を理解することで、私たちは私たち自身の意識の本質および構造を洞察できるでしょう。

既に指摘したように、意識の基本的な現実の姿は、私たちみんなに共通です。〈あなたに特有の意識〉や〈私のもの〉というのではありません。私たちは意識を相続し、それを修正し、あちこち変更しますが、しかし意識の基本的な動きは人類全員に共通です。

この意識は、思考のあらゆる複雑さ――感情、感覚的反応、蓄積された知識、苦しみ、苦痛、不安、暴力――を備えた、私たちの精神です。これらはすべて私たちの意識です。脳は古代からのもので、幾世紀もの進化、あらゆる種類の経験、増大した知識の最近の蓄積などによって、条件づけられています。これらはすべて、生活のあらゆる瞬間の、行為における意識です。すなわち快楽、苦痛、あい矛盾した知覚の混乱、苦痛を伴う欲望の充足などを示す、人間同士の関係のあらゆる瞬間における意識です。これが私たちの生の動きです。

「この古代からの動きを終わらせることができるだろうか？」と、問うているわけですが、それはひとつの〈問いかけ〉として、応じられなければなりません。それというのも、古代からの動きは機械的活動になってしまい、伝統的な生きかたになっているからです。その動きが終わるときに始まりがあり、そのときにだけ、始まりもなければ終わりもないのです。

意識は非常に複雑なことがらのように見えますが、実際はとても単純です。思考は私たちの意識のあらゆる内容――その安定性、不確かさ、希望と恐怖、意気消沈と得意の絶頂、理想、幻想など――を組み合わせます。「思考は、私たちの意識内容全体に対して責任がある」ということが一度把握されると、必然的に、「思考は停止されうるのだろうか？」という問いが生じます。思考を終わらせるために、多くの宗教的ならびに機械的な試みがなされました。「思考を終わらせよう」というまさにその要求が、思考の動きの一部分です。超意識を捜し求めることが、まさになお、思考による測定です。神々や儀式も、素晴らしい建築物を備えた教会や寺院やモスクに対するあらゆる感情的な幻想も、やはり思考の動きです。神は、思考によって、天に置かれています。

思考が自然を作ったわけではありません。自然は現実です。椅子も現実ですが、思考によって作られました。科学技術のもたらした事物はすべて現実です。幻想は現実（今起こっていること）を避けるものですが、私たちは幻想によって生きているので、幻想が現実になってしまいます。

犬は思考によって作られるのではありません。しかし私たちが犬に「こうあってほしい」と望むのは、思考の動きです。思考は測定です。思考は時間です。これらすべては、私たちの意識です。精神、脳、知覚はその重要部分です。私たちが問うているのは、「この動きは終わることができるだろうか？」ということです。思考はあらゆる悲しみ、あらゆる醜悪さの根源です。私たちが求めているのは、思考が組み合わせたこれらのものが終わることです。思考それ自体が終わることではなく、私たちの不安、悲嘆、苦痛、権力、暴力などが終わることです。これらの終焉によって、思考はその正しい、限定された場所を見い出します。それは、人がもっていなければならない日常の知識と記憶です。思考によって組み合わされた意識の内容が、もはや活動しないときに、広大な空間ができ、意識によって限定されていた巨大なエネルギーが解放されます。愛はこの意識を超えています。

1st August
1979

質問者：もしお尋ねしてよろしければ、人生で何がもっとも重要なことのひとつだとお考えでしょうか？　私はこのことについて、随分考えてみましたが、人生には重要だと思えることがたくさんあります。私はあなたに、真面目な気持ちでお尋ねしたいと思います。

クリシュナムルティ：おそらくそれは〈生きる術《アート》〉でしょう。私たちは〈術《アート》〉という言葉を、そのもっとも広い意味で用いています。生は非常に複雑なので、ひとつの局面を取り上げて、「それがもっとも重要です」と言うことは、むしろ困難でまぎらわしいことです。もし私が指摘してよいのでしたら、その選択、その区別を認める資質が、更に混乱の原因になります。もしあなたが「これがもっとも重要だ」とおっしゃるならば、あなたは人生の他の諸事実を二番目の地位に落としてしまいます。私たちは、人生の動き全体をひとつのこととして扱うか――それはたいていの人にとって、ひどく難しいことになりますが――、それともそのなかにあらゆる他の局面が含まれている〈ひとつの基本的な局面〉を扱うか、のどちらかです。もしあなたが、このことに同意なさるのでしたら、私たちの対話を先へ進めることができます。

質問者：あなたは「ひとつの局面が、生の全領域をカバーするだろう」とおっしゃるのですか？　それは可能なのでしょうか？

クリシュナムルティ：可能です。そのことについてとてもゆっくり、慎重に始めましょう。まず最初に、私たち二人が共に調べなければなりません。そして、すぐさまある結論に達しないようにします。早急な結論は概して、皮相的です。私たちは一緒に、生のひとつの局面を探求しているのであり、まさにそれを理解することにおいて、生の全領域をカバーするでしょう。調べるためには、偏見、個人的な経験、あらかじめ決められた結論などから、私たちが自由でなければなりません。私たちは良い科学者と同じように、私たちが既に蓄積した知識によって曇らされることのない精神を、もたなければなりません。私たちは新たに取り組まなければならないわけで、それが探求に必要なことのひとつです。探求は、観念や一連の哲学的概念の探求ではなく、観察されているものに対していかなる反応もしないで、私たち自身の精神を探求することです。これは絶対に必要です。そうでなければ、あなた自身の探求は、あなた自身の恐怖、希望、快楽によって、着色されてしまいます。

質問者：あなたは余りにも多くのことを求めているのではありませんか？　そのような精神をもつことは、可能ですか？

クリシュナムルティ：まさにその探求に駆り立てる力とその峻烈さこそが、精神が着色されてしまうことから、精神を自由にするのです。

既に述べたように、もっとも重要なことのひとつは〈生きる術〉です。通常とはまったく異なる、日常生活の生きかたがあるでしょうか？　私たちはみんな、普通の生きかたを知っています。どのような統制、どのような葛藤もない、規律上の適合もない生きかたがあるでしょうか？　どのようにして私は突き止めるのでしょうか？

私が突き止めることができるのは、私の全精神が、今起こっていることにきちんと直面するときだけです。これは、「私が〈葛藤なしに生きるということは、何を意味するのか〉ということを突き止めることができるのは、今起こっていることを観察するときだけだ」ということを意味しています。この観察は、知的あるいは感情的なことがらではなく、そのなかにどのような二元性もない明敏で、澄んだ、鮮明な知覚です。現実だけがあるのであり、他には何もありません。

質問者：この場合、〈二元性〉という言葉であなたは何を意味しているのですか？

クリシュナムルティ：進行していることのなかの、対立や矛盾です。二元性は、〈あるがまま〉から逃避するときにのみ、生じます。この逃避が対立するものをつくり出し、それゆえ葛藤が生まれます。現実だけがあるのであり、他には何もありません。

質問者：「今起こっていることが知覚されるときに、精神は、連想や反応に参加してはならない」とおっしゃるのですか？

クリシュナムルティ：そうです。起こっていることについての連想や反応は、精神の〈条件づけ〉です。この条件づけは、今起こっていることについての観察を妨げます。今起こっていることは、時間から解放されています。時間は、私たちの条件づけが発展したものです。それは人間が相続したものであり、始まりをもたない重荷です。

進行していることについての、この〈情熱的な観察〉があれば、〈観察されているもの〉は解体して〈無〉になります。今生じている〈怒り〉についての観察は、暴力の本質および構造全体を明らかにします。〈洞察〉はあらゆる暴力の終焉です。それは他のいかなるものも、とって代わることができません。そこに困難さがあるのです。私たちの全欲望と全衝動は、ある特定の目的を見つけることにあります。その目的のなかに、錯覚に基づく安定性の感覚があるのです。

質問者：私たち多くの者にとって、怒りの観察は難しいことです。なぜなら感情や反応は、その怒りから切り離すことのできない一部分であるように思われるからです。人は連想や内容なしに怒りを感じることはありません。

クリシュナムルティ：怒りにはその背後に多くの物語があります。怒りは単一の出来事ではありません。あなたがご指摘なさったように、それは非常に多くの連想をもっています。これらの連想こそ、その感情と一緒に、現実の観察を妨げます。怒りのもとでは、内容は怒りです。怒りが内容です。それらは二つの別々のものではありません。内容は条件づけです。現実に進行していること――すなわち条件づけの活動――についての情熱的な観察においては、条件づけの本質と構造は解体します。

質問者：「出来事が起こっているとき、精神のなかには、即座に疾走するような、連想の流れがある」とおっしゃっているのですか？　そしてもし人が、この連想の流れが起こり始めるのを直ちに見るなら、その観察が連想をすぐに止めて、連想は消え去るのでしょうか？　あなたのおっしゃる意味は、こうしたことなのですか？

クリシュナムルティ：そうです。それは本当にとても単純です。あまりにも単純なので、あなたはその単純さと精妙さを見落とすのです。「どんなことが起こっているにしても——あなたが歩いたり、話したり、瞑想したりしているとき——その起こっている出来事は観察されなければならない」ということです。精神が散漫なとき、その散漫さを観察すると、ペチャクチャというおしゃべりが終わります。そうするとどんなときにも、心の乱れはありません。

質問者：あたかも「生きる術においては、思考の内容は本質的に意味がないのだ」と、おっしゃっているように思えます。

クリシュナムルティ：そうです。生きる術のなかには、記憶の占める場所はありません。関係とは、生きる術です。もし人間関係のなかに記憶があれば、それは人間関係ではありません。人間関係は人間たちの間にあるのであり、彼らの記憶のなかにあるのではありません。分裂させるものは記憶であり、だからこそ、〈あなた〉と〈私〉の争いや対立があるのです。ですから思考——それは記憶です——は、関係性のなかには占める場所がありません。これが生きる術なのです。

関係とは、あらゆるもの――自然、鳥、岩、私たちの回りにあるもの、私たちの上にある雲、星、青い空など――に対する関係です。あらゆる存在は、関係です。それがなければ、あなたは生きることができません。私たちが腐敗した関係をもっているために、私たちは堕落しつつある社会に生きているのです。

生きる術は、思考が愛を不純なものにしないときにだけ、生じます。

教師は学校で、この〈術〉に、全面的に関与することができるでしょうか?

15th August 1979

もっとも偉大な〈術《アート》〉は〈生きる術〉です。それは人間が精神や手によってつくったあらゆるもの、あらゆる聖典やその神々よりも偉大です。新しい文化が生まれることができるのは、ただこの〈生きる術〉によってです。これをもたらすのは、あらゆる教師、とくに私たちの学校の教師の責任です。生きる術は、完全な自由からのみ、生じることができます。

この自由は理想、つまり〈いつかは生じること〉ではありません。自由の最初のステップは、最後のステップでもあります。大事なのは最初のステップであり、最後のステップではありません。あなたが今行なうことは、あなたが将来いつの日にか行なうことよりも、はるかに重要です。生は今この瞬間に起こっていることであり、想像をめぐらされた瞬間に起こることではありません。思考が心に描くものでもありません。

ですから重要なのは、あなたが今行なう最初のステップです。もしそのステップが正しい方向を向いているなら、生の全体があなたに開かれます。正しい方向とは、理想、すなわち〈あらかじめ決められた目標〉に向かうことではありません。目標は今起こっていることから切り離せません。これはひとつの哲学でもなければ、一連の理論でもありません。それはまさに〈哲学〉という言葉が意味するもの、すなわち真実への愛、生への愛です。それはあなたが大学へ行って学ぶようなことではありません。私たちは日常生活において、〈生きる術〉を学んでいるのです。

私たちは〈言葉〉によって生きていますが、言葉は私たちの牢獄になります。言葉はコミュニケーションには必要ですが、決して事物ではありません。現実は言葉ではありません。しかし言葉が〈存在するもの〉にとって代わるとき、言葉はきわめて重要になります。事物そのものの代わりに、記述がリアリティになるときに、この現象が観察されるでしょう。つまり私たちはシンボルを崇拝し、実体のない影に従い、幻想に執着してしまうのです。それゆえに言葉、言語が、私たちの反応を形づくります。言語は強制的なちからになり、私たちの精神は、言葉によって形づくられ統制されます。国家、身分、神、家族などといった言葉が、それらのあらゆる連想でもって私たちを包みます。したがって私たちの精神は、言葉のプレッシャーに隷属するのです。

質問者：どうすればそのことは避けられるのでしょうか？

クリシュナムルティ：言葉は決して事物ではありません。〈妻〉という言葉はその人物ではありませんし、〈ドア〉という言葉はドアそのものではありません。言葉は事物や人物についての実際の〈知覚〉を妨げます。なぜなら言葉は多くの連想を持っているからです。これらの連想——それらは実際は記憶ですが——は、視覚による観察ばかりではなく、心理的な観察をも歪めます。したがって言葉は、観察の自由な流れに対する障壁になります。

〈首相〉という言葉と〈店員〉という言葉を取り上げてみましょう。それらはそれぞれの役割を示していますが、〈首相〉という言葉は権力、地位、重要性といった、すごい意味をもっています。それに対して〈店員〉という言葉は、重要でない、ささいな地位、権力がない、などといった連想をもっています。ですから言葉は、あなた方がこの両者を人間として見ることを妨げます。

たいていの人には、身にしみついた俗物根性があります。言葉が私たちの思考に対して行なったことを知り、選り好みせずにそのことに気づくことは、〈観察の術〉すなわち〈連想なしに観察すること〉を学ぶことです。

質問者：あなたのおっしゃることは分かりましたが、連想のスピードはまったく瞬間的ですから、人がそれに気づく前に、反応が起こってしまいます。これを防ぐことは可能ですか？

クリシュナムルティ：それは誤った質問ではないでしょうか？　誰がそれを防ぐのですか？　それはまた別のシンボル、別の言葉、別の観念ではないでしょうか？　もしそうであるのなら、言葉や言語による精神の奴隷化の意味全体が分からなかったのです。

私たちは言葉を感情的に使いますが、それは感情的思考のひとつのかたちであり、メートルや数のような、正確な科学技術的な言葉の使用とは違います。人間関係と人間の活動においては、感情は重要な役を果たします。欲望は大変強いものであり、思考に支えられてイメージをつくり出しています。イメージは言葉であり、絵です。それは私たちの快楽、私たちの欲望に従います。ですから私たちの生きかた全体が、言葉とその連想によって、形づくられています。この全過程を全体として分かることは、「思考がいかに知覚を妨げているか」という真理が分かることです。

質問者：「言葉のない思考はない」とおっしゃっているのですか？

クリシュナムルティ：だいたい、そういうことです。「私たちは生きる術について話をし、それを学んでいるのであって、言葉を記憶しているのではない」ということを、どうか心にとめておいてください。私たちは共に学んでいるのであり、私が教えてあなたが愚かな弟子になっているのではありません。あなたは「言葉のない思考があるだろうか」と尋ねています。これは大変重要な質問です。私たちの全思考は、記憶に基づいています。そして記憶は、言葉、イメージ、シンボル、絵に基づいています。これらはすべて言葉です。

質問者：しかし人が記憶しているものは、言葉ではありません。それは経験、感情的な出来事、人物の絵や場所の絵です。言葉は二次的な連想です。

クリシュナムルティ：私たちは言葉を、こうしたことすべてを記述するために、使っています。結局言葉は、起こったことや起こっていることを示すためのシンボルであり、コミュニケートしたり何かを呼び起こしたりするためのシンボルです。

この全過程がないような思考があるでしょうか？　ええ、あります。それは〈思考〉と呼ばれるべきではありません。思考は記憶の継続を意味します。〈知覚〉は思考の活動ではありません。知覚は「言葉、シンボル、イメージ、およびこれらと感情的にかかわるもの」の本質と動き全体について、真に洞察することです。これを全体として見ることは、言葉に対して適切な場所を与えることです。

質問者：全体を見るということは、何を意味しているのですか？　あなたはしばしばそうおっしゃいます。それで何を意味しているのでしょうか？

クリシュナムルティ：思考は分割します。なぜなら元来、思考は限定されているからです。〈全体的に観察する〉ということの意味は、思考の非干渉、すなわち「知識としての過去が妨害しないようにして、観察すること」です。そうすると〈観察者〉はいません。なぜなら観察者は過去であり、思考のまさに本性だからです。

質問者：あなたは私たちに、思考を停止するように求めているのですか？

クリシュナムルティ：再度、もし指摘してもよろしければ、それは誤った質問です。もし思考が、考えることを停止するように自らに告げるとすれば、二元性と葛藤をつくり出してしまいます。それこそ思考が分割を生み出す過程です。もしあなたが、この真理を本当につかむなら、自然に思考は休止します。すると思考は、それ自体の限定された場所を占めることになります。思考はもう、今そうしているようには、生の広がり全体に行き渡ることはないでしょう。

質問者：何と並はずれた注意が必要なのでしょう。私は本当にそのような注意力をもつことができるでしょうか？　私は、私の全エネルギーをそれに注ぐほど十分に、真剣になっているでしょうか？

クリシュナムルティ：いったいエネルギーは、分割されうるでしょうか？　生計をたてたり、家庭をもったり、言われたことを理解するのに十分なほど真剣になったりしますが、こうしたことに使うエネルギーは、全エネルギーです。しかし思考はそれを分割します。そして私たちは生計に多くのエネルギーを使い、他のことにはほとんど使いません。ここで述べたことは、そのなかに分割のない〈術〉についてです。それは生の全体です。

1st September 1979

なぜ私たちは教育を受けているのでしょうか？　おそらくあなた方はこのような質問をなさったことはないでしょう。しかしもし質問するとしたら、それに対するあなた方の返答はどうでしょうか？　教育を受ける必要性については、多くの理由が出されるでしょうし、筋道のとおった議論、まったく必然的で世俗的な議論がなされることでしょう。普通の答えとしては、仕事に就くため、成功する経歴を得るため、熟練した手の技や巧みな精神を身につけるためなどです。よい経歴、有利な経歴にするために、精神の能力がおおいに強調されます。もし知的な出来がよくなければ、手の技能が重要になります。

「教育が必要なのは、現在の社会を維持するためであり、いわゆる体制によって決められた伝統的あるいは超近代的なパターンに適合するためである」と言われています。教育を受けた精神は、美術や科学などほとんどあらゆる問題について、情報を集める大変な能力をもっています。情報に通じているこの精神は、学問的、専門的、哲学的です。そのような学識はおおいに称賛され、尊敬されます。もしあなた方が勉強家で、利口で、迅速に学習するなら、この教育はあなた方に輝かしい未来を保証するでしょう。その輝かしさは、社会情勢や周囲の情況によって決まります。もし教育のこの枠組みのなかで、あまり出来がよくなければ、肉体労働者や工場労働者になるか、この非常に複雑な社会の底辺に場所を見つけなければなりません。これが私たちの教育の一般的なやりかたです。

教育とは何でしょう？　それは本質的に〈学習の術〉であり、書物からだけでなく、生の動き全体から学ぶ〈学習の術〉です。印刷された言葉が断然重要になっています。あなた方は、他の人々が考えていることや他の人々の経験を学んでいます。書庫が、その書庫の所有者よりも重要なのです。その人自身がいわば書庫なのであり、彼は「自分は不断の読書によって学んでいる」と思っています。コンピュータと同じようなこの情報の蓄積は、教養ある、洗練された精神と見なされています。またそのほかに、まったく読書をしない人、むしろ他の人を軽蔑し、自分自身の自己中心的な経験と独断的な意見に夢中になる人もいます。

これらすべてを認識したうえで、〈ホリスティックな精神〉の役割とは何でしょうか？　〈精神〉によって私たちが意味するのは、感覚のあらゆる反応、感情――これは愛情とはまったく異なります――のあらゆる反応、および知的な能力です。

私たちは今、知性にとてつもない重要性を与えています。〈知性〉によって私たちが意味するのは、論理的な推論、健全な推論や不健全な推論、客観的あるいは個人的な推論などの能力です。私たちの人間的な条件を分断したのは、思考の動きを備えた知性です。世界を言語、国家、宗教で分割し、人と人を分断したのは知性です。知性は、世界中の人間を堕落させる中心的な要因です。なぜなら知性は、人間的な条件や能力の一部分でしかないからです。その一部分が誉めそやされ、称賛され、尊敬され、また、きわめて重要になると、人の生――それは関係であり、行為、振る舞いです――は矛盾した、偽善的なものになります。そして不安と罪の意識が生まれます。

知性は科学などにおいてその本領を発揮しますが、人間は科学的知識を、人間の利益のためばかりではなく、兵器や地球の汚染をもたらすためにも用いました。知性は、堕落をもたらす自らの諸活動を知覚することはできますが、それ自体の衰弱に終止符を打つことはできません。なぜならそれは、本質的に一部分でしかないからです。

既に述べたように、教育は学習の核心をなすものです。知性の本質について学ぶこと、知性による支配、その活動、その莫大な能力、その破壊的なちからについて学ぶことは、教育です。まさに知性の動きである思考の本質を、書物からではなく、あなた方の回りの世界の観察から学ぶこと、理論や偏見や評価なしに、正確には何が起こっているかを学ぶことは、教育です。

書物は重要ですが、はるかにもっと重要なことは、あなた自身の物語が記された〈本〉を学ぶことです。なぜならあなたは全人類だからです。その〈本〉を読むことが〈学習の術〉です。

それはすべてそこにあります。すなわち諸制度、それらのプレッシャー、宗教的な不当な要求と教義、その残酷さ、信条などです。あらゆる社会の社会構造は、貪欲、野心、暴力、快楽、不安などを示す、人間の間の関係です。もし見方を心得ていれば、それはそこにあるのです。〈見ること〉は、内的なことではありません。その〈本〉はそこ以外の場所にあるわけでも、また、あなた自身のなかに隠れているわけでもありません。それはすべて、あなたの回りにあります。あなたはその〈本〉の本質的な部分なのです。その〈本〉はあなたに人間の物語を語りますが、その物語はあなたの関係、あなたの反応、あなたの概念や価値のなかにおいて、読まれるべきです。その〈本〉は、あなたの存在のまさに中心であり、学習とは、その〈本〉を細心の注意で読むことです。

その〈本〉はあなたに過去の物語を、つまり、どのように過去があなたの精神やあなたの心情やあなたの感覚を形づくったかについて、語ります。過去は、目下の問いかけに応じて過去自体を変更しながら、現在を形づくります。時間のこの不断の動きのなかに、人間はとらわれています。これが人間の条件づけです。条件づけは、人間の果てしない重荷であり、あなたやあなたの兄弟の重荷です。

哲学者、神学者、聖者は、この条件づけを受け入れました。条件づけの受け入れを承認して、それをできるだけ利用しています。あるいは彼らは、神秘的経験や神々や天などといった、幻想のなかへの現実逃避を提供しました。教育はこの条件づけについて学ぶ術であり、条件づけの解決法、この重荷からの解放について学ぶ術です。逃避することは、物事をありのままに受け取りません。逃避ではない解決法があります。それは条件づけを避けるのでもなく、条件づけを抑圧するのでもありません。条件づけを解消するのです。

あなた方がこれを読み、あるいはこのことを聞くときに、「知性の言語的能力でもって聞いたり読んだりしているのか、それとも注意力を気にかけながら聞いたり読んだりしているのか」に、気づいているようにしなさい。この全面的な注意があるときには、過去はなく、現実に進行していることについての〈純粋な観察〉があるだけです。

15th September 1979

「不幸や不安や苦しみから、心理的あるいは内面的に解放されているような、人類の新しい世代を生じさせる」という教育者の責任を、人は忘れたり無視したりしがちです。それは神聖な責任であり、自分の野心や地位や権力のために、すぐに忘れてしまってもよいようなものではありません。もし教育者がそのような責任、その責任の重大さと深遠さと美しさを感じるならば、彼は、教授する能力と彼自身のエネルギーを維持する能力を、獲得するでしょう。そのためには、断続的な努力や偶発的な努力ではなく、大変な勤勉さを必要とします。そしてまさにその心からの責任感が、彼を全体的な人間および偉大な教師として保つための炎を、燃えたたせるでしょう。

世界は急速に堕落していますので、「正しい教育を通じて人類に根本的な変容をもたらすことに身を捧げよう」という教師や生徒のグループが、私たちのすべての学校にあるにちがいありません。〈正しい〉という言葉は、人の見方や評価の仕方で異なるものではなく、知性によって考え出された概念の問題でもありません。〈正しい〉という言葉は、「そこではあらゆる自分本位の動機がなくなってしまうような全体的な行為」を示しています。まさにその優位にある責任感が、また教育者だけでなく生徒のかかりあいが、自我を永続化させるような諸問題を取り除きます。精神がどれほど未熟であっても、あなた方がひとたびこの責任を引き受けると、その引き受けこそが精神を開花させるのです。この開花は、生徒と教育者の間の関係のなかにあります。それは一方的なことがらではありません。あなた方がこれを読まれるとき、どうか全面的な注意をはらって、この責任の緊急性と峻烈さを感じてください。どうかそれを抽象や観念にしないで、現実の事実を、これを読んでいるときに現実に起こっていることを、観察してください。

ほとんどすべての人間が、人生において権力と富を欲します。富があれば、自由の感覚があります。そして快楽が追求されます。権力への欲望は、ひとつの本能——それは多くの仕方で自らを表現しますが——であるように思われます。それは聖職者、導師、夫や妻、他の少年に対するひとりの少年のなかにあります。支配の欲望あるいは服従の欲望は、おそらく動物から遺伝的に受け継いだ、人間の条件のひとつです。この攻撃性とそれへの屈服は、一生を通じてあらゆる関係を誤らせます。これは時間が始まったときからのパターンです。人間は、これを自然な生きかたとして、それがもたらすあらゆる葛藤や不幸と一緒に、受け入れました。

そのなかには「もっと多いともっと少ない、もっと大きいともっと小さい」といった〈測定〉が、基本的に含まれています。それは本質的には〈比較〉です。人はいつも自分を他の人と、一方の絵を他方の絵と比べています。もっと大きな権力ともっと小さな権力との間に、気の弱い人と攻撃的な人との間に、比較があります。それはほとんど誕生した時に始まり、一生を通じて続きます。権力、地位、富などの絶え間ない測定が続きます。これは学校やカレッジや大学で助長されます。それらの等級づけのシステム全体が、知識のこの比較による評価なのです。

Aが、〈利口、利発、あるいは独断的なB〉と比較されると、まさにその比較がAを破壊します。この破壊は競争のかたち、つまりBによって定められたパターンの模倣とそれへの適合のかたちをとります。これは意識的にも無意識的にも、敵意、嫉妬、不安、それに恐怖さえも生みだします。そしてこれが、Aが彼の残りの人生を生きる条件になって、心理的および物質的にいつも測定し、いつも比較するようになるのです。

この〈比較〉は、暴力が示す多くの様相のうちのひとつです。〈もっと多い〉という言葉は、〈もっとよい〉という言葉と同じように、いつも比較によるものです。問題は、「教育者は教えるとき、あらゆる比較、あらゆる測定を、わきに置いておくことができるだろうか?」ということです。生徒を〈かくあるべきもの〉としてではなく、また生徒を比較による評価に基づいて判断をしないで、〈あるがまま〉に受け取ることができるでしょうか?

愚鈍さのような資質があるというのは、利口と言われる人と愚鈍と言われる人との間に、比較があるときだけのです。〈バカ者〉と言いますが、彼は比較によってバカなのでしょうか、それとも彼がある活動をすることができないからバカなのでしょうか?

私たちは測定に基づいてある基準を設け、その基準に達しないような人は「不足している」と見なされます。教育者が比較と測定をわきに置いておくならば、彼は生徒の〈あるがまま〉にかかわり、彼と生徒との関係は直接的でまったく違ったものになるでしょう。このことを理解することは本当にとても大切です。

愛は比較しません。愛は測定をしません。比較と測定は、知性のとる方法です。分割的です。このことが基本的に理解されるなら――言語的な意味ではなく、その実際の真理が理解されるなら――教師と生徒の関係は根本的に変わります。測定のための究極的な試金石は、生徒の将来の生活に深く影響を与えるほどの恐怖や不安を伴う試験です。いかなる意味においても競争や比較がないときには、学校全体の雰囲気が変わります。

1st October

1979

〈価値〉を培うことは、人間の特性のひとつです。私たちは子どもの頃から、深く根づいた一定の諸価値を自分のために重んずるように、奨励されます。人はそれぞれ、自分の長期に渡る目的や計画をもっています。ある人の価値は、他の人の価値とは当然異なります。これらは欲望かあるいは知性によって培われます。それらは人を迷わすものか、気楽なものか、慰めてくれるものか、あるいは事実に基づくものです。これらの価値は、明らかに人間と人間の分裂を助長します。価値は、その人の先入観や目的に従って、卑しいものであったり高尚であったりします。なぜ人間はさまざまなタイプの価値をリストアップすることなく、価値をもち、そしてその結末はどうなるのでしょうか？

〈価値 value〉という言葉の語源的な意味は〈強さ〉です。それは〈勇気 valour〉という言葉から来ています。強さは価値ではありません。それが弱さの反対のものであるとき、強さは価値になるのです。

〈強さ〉――社会のプレッシャーの結果として身につける〈性格上の強さ〉ではありません――は、〈清澄さ〉の核心をなすものです。澄んだ思考には先入観がなく、偏見がありません。歪みのない観察です。強さあるいは勇気は、植物や新しい品種を栽培するのと同じような仕方では、培うことのできないものです。それは結果ではありません。結果というのは原因があり、そして原因があるときには、それは弱さを指し示します。弱さの帰結するところは、抵抗か屈服です。清澄さには、いかなる原因もありません。清澄さは、効果や結果ではありません。清澄さは、思考および思考の全面的な活動についての〈純粋な観察〉です。この清澄さが、強さです。

もしこのことがはっきりと理解されるなら、なぜ人間は価値を見積もるのでしょう？　日常生活において、自分に指針を与えるためでしょうか？　そうしなければ人生が不確かで、漠然とした、方向のないものになるので、自分に目的を与えるためでしょうか？　しかしその方向性は、知性や欲望によって定められるわけですから、まさにその方向性が歪みになります。これらの方向性は、人によってそれぞれ異なります。そして人は混乱の絶えない大洋のなかで、それにしがみつくのです。価値基準をもつことがもたらす結末を、人は観察することができます。それは人と人とをわけ隔てて、一方の人間を他方の人間に対抗させます。それが広がると不幸や暴力に通じ、最後には戦争に至ります。

〈理想〉は価値です。理想はどんなものでも一連の価値、つまり国家的、宗教的、集団的、個人的価値です。そして理想が世界のなかで実現されるとき、人は理想の結末を観察できます。人がこのことの真理を認めたときに、精神はあらゆる価値から自由になり、そのような精神にとっては、清澄さだけがあるのです。経験にしがみついたり経験を欲したりする精神は、価値の欺瞞性を追求します。そして私的で、秘密主義の、分割的な精神になります。

教育者としてあなた方は生徒に、いかなる価値基準ももたないこと、そして価値ではない〈清澄さ〉と共に生きることを、説明できますか？

それができるのは、教育者自身がこの真理を深く感じるときです。もし教育者が感じていなければ、それはどのような深い意味ももたない、単なる言語的な説明になります。これは年長の生徒ばかりではなく、非常に若い生徒にも、伝えられなければなりません。年長の生徒たちは既に、社会や両親のプレッシャーによって、彼らの価値基準に関して厳しく条件づけられています。あるいは彼ら自身が自分のゴールを心に描いて、それが牢獄になっています。若い生徒についてもっとも大切なことは、彼らを手助けして、心理的なプレッシャーや心理的な問題から解放することです。今では非常に若い生徒たちが、複雑で知的な問題を教えられ、彼らの勉強はますます技術的になっています。彼らはますます抽象的な情報を与えられ、さまざまなかたちの知識が彼らの頭脳に押しつけられています。そのようにして、まさしく子どもの頃から条件づけられているのです。

それに対して私たちが関心をもっているのは、非常に若い生徒たちに心理的な問題が何もないように、恐怖や不安や残酷さから解放されているように、思いやりや寛大さや愛情を身につけるように、援助することとです。これは、彼らの若い精神に知識を課することよりも、はるかに重要です。

「子どもは読み書きなどを学ぶべきではない」などと言おうとしているのではありません。知識の獲得も必要ではありますが、重要なことは知識の獲得ではなく、心理的な自由にあります。この自由が意味するのは、「子どもが自分のしたいことをする」ということではなく、「子どもが自分の反応や欲望の本質を理解するのを助ける」ということです。

これは教師の側に、多大の洞察を必要とします。なにしろあなた方は、生徒がどのような心理的問題ももたない、完全な人間であることを、望んでいるのです。そうでなければ、生徒は与えられたあらゆる知識を誤用するでしょう。これまでの教育は、「既知の事がらのなかで生きること」、したがって「あらゆる伝統や記憶や経験を備えた過去に対して、その奴隷になること」でした。これまでの生は既知から既知へ移るだけで、既知からの自由はありませんでした。もし人が常に既知の事がらのなかで生きるなら、何ひとつ新しいもの、オリジナルなもの、思考によって汚されていないものは、ありません。

思考は既知のものです。もし教育が絶えず知識を蓄積することであるのならば、私たちの精神と心は機械的なものになってしまい、未知の事がらのもつあの無限のバイタリティを欠くことでしょう。連続性を有するのは知識であり、それは永久に限定されています。その限定されたものは、永久に問題をひき起こすに違いありません。連続性——それが時間なのですが——の終焉が、時間を超越したものの開花です。

15th October 1979

教師あるいは教育者は人間です。彼らの役割は生徒が学ぶのを援助することですが、生徒はあれこれの教科を学ぶだけではなく、学習の活動全体を理解しようとします。さまざまな問題について情報を集めるばかりでなく、なににもまして完全な人間になろうとします。それを援助するのです。私たちの学校は、単に学習のセンターであるばかりではなく、善性のセンターでなければならず、〈宗教的精神〉をもたらすものでなければなりません。

世界中の人間が、多かれ少なかれ堕落しています。セックスの快楽、自分の意志を主張する快楽、興奮の快楽、私利私欲の快楽、権力と地位の快楽、また、自分の快楽を満たそうと頑固に主張する要求――こうした個人的あるいは集団的な快楽が、生の支配的な関心事になると、堕落が起こります。人間の関係があっさりした、快楽に基づいたものになると、堕落が起こります。責任がその全体的な意味を失い、他の人に対する思いやり、地球や海のものに対する思いやりがないとき、この万物への軽視は、堕落の別のかたちなのです。

高い地位にある人に偽善行為があるとき、交渉に不誠実さがあるとき、日常の話の重要部分に嘘があるとき、少数者に対する圧政があるとき、物質だけが優勢であるとき、こうしたときには、すべての生に裏切りがあります。すると殺害が、生の唯一の言語ということになります。愛が快楽として受け取られると、人間は自らを生の美しさや生の神聖さから、切り離してしまいます。

快楽はいつも個人的な、孤立した過程です。「快楽とは、なにか他の人と分かち合うものだ」と人は考えていますが、実際は〈満足すること〉を通じて、自我つまり〈私〉によって囲い込む行為、孤立させる行為です。快楽が大きくなればなるほど、〈私〉をますます強化します。

快楽を追求するときには、人間はお互いを食いものにします。私たちの生において快楽が支配的になると、人間関係はこの目的のために利用されますので、そこには他の人との現実の関係はありません。人間関係は商品になります。充足への衝動は快楽に基づいており、もしその快楽が否定されたり、快楽を表現する手段が見つからなければ、怒り、冷笑、憎悪、皮肉が湧いてきます。快楽のこの絶え間のない追求は、実に狂気の沙汰です。

これらのことすべてが示しているのは、「人間はその莫大な知識、並みはずれた能力、精力的なエネルギー、攻撃的な行為にもかかわらず、衰えている」ということではないでしょうか？

このことは世界中で明らかです。これは恐怖、快楽、不安を示す自己中心性を見積りしたものです。

それでは、私たちの学校の全面的な責任とは何でしょうか？　もちろん私たちの学校は、生きかたを学ぶためのセンターでなければなりません。快楽や自己中心的な活動に基づく生きかたではなく、正しい行為の理解、人間関係の深遠さと美しさの理解、宗教的生の神聖さの理解に基づいた生きかたを学ぶのです。

私たちの回りの世界が、非常に破壊的で意味のないものになっている現在、これらの学校、これらのセンターは、光と知恵の場所にならなければなりません。それを成し遂げることは、これらの場所を担当している人たちの責任です。

事は切迫していますので、言いわけをしても意味がありません。センターが、その回りに破壊の波が充満している岩のようであるか、それとも衰退の流れに従うかです。これらの場所は人間の啓発のために在るのです。

1st November
1979

「社会の激変、人口過剰、戦争、恐ろしい暴力、冷淡さなどによって脅かされている」と人類が感じるような世界では、それぞれの人間は、ますます自分の生き残りを心配しなければなりません。

〈生き残り〉が意味するのは、健全に生きること、幸福に生きること、大きなプレッシャーや緊張なしに生きることです。私たちはそれぞれ、自分の特別な概念に従って〈生き残り〉を解釈します。理想主義者は、現実的でないような生きかたを心に描きます。理論家は、マルキストであろうと、宗教的あるいは他のどのような特定の信条であろうと、生き残りのために〈パターン〉を決定します。民族主義者は「生き残りは、ある特定のグループもしくは共同体のなかだけで可能である」と考えます。こうしたイデオロギー的な相違、理想や信念が、人間の生き残りを妨げる分裂の原因です。

人間は、自分の狭量な反応に従って、自分の直接的な快楽に従って、ある信念に従って、ある宗教的救済者や予言者や聖者に従って、ある特定の仕方で生き残りたいのです。これらはすべて、決して安定をもたらすことはできません。それというのも、本来これらは分裂的、排他的であり、限定されているからです。昔からの伝統であろうと現代の伝統であろうと、「伝統に従って生き残る」という希望のもとに生きることは、意味がありません。部分的な解決は、それが科学、宗教、政治、経済など、どのような種類のものであっても、もはや人類に対して、生き残りを保証することはできません。

人間は自分自身の個人的な生き残り、自分の家族やグループや種族国家のことを心配してきました。ですがこれらはすべて分裂を生みますから、人間の実際の生き残りを脅かします。国籍、肌の色、文化、宗教の違いによる現代の分裂が、人間の生き残りの不確かさの原因になっています。今日の世界の混迷のなかで、不確かさが人間を権威者へと、つまり政治や宗教や経済の専門家へと、向かわせています。専門家は必然的に危険です。なぜなら彼の反応はいつも部分的で、限定されているに違いないからです。

人間は個人的でもなければ、バラバラに分離しているわけでもありません。少数の人に影響を与えるものは、全人類に影響を与えます。問題からの逃避や回避はできません。もはやあなた方は、人間の陥っている窮地の全体からぬけ出すことはできないのです。

私たちは、問題や原因については述べましたので、今度は解決を見い出さなければなりません。この解決は、どのような種類のプレッシャーにも、つまり社会的、宗教的、経済的、政治的プレッシャー、あるいはどのような組織のプレッシャーにも、依存してはなりません。

もし私たちが、自分の生き残りだけを心配しているのなら、おそらく生き残ることができません。今日では世界中のすべての人間が、相互に関係しています。ひとつの国で起こることは、他の国へ影響します。人間は自分のことを、他の人たちから分離した個人だと思ってきました。しかし心理的に人間を人類全体から切り離すことはできません。

心理的な生き残りというようなことはありません。生き残りの欲望、あるいは充足の欲望があるときには、あなたは、人をバラバラにするばかりでなく、まったく非現実的でもあるような情況を、心理的につくり出しているのです。心理的に、他の人から切り離されていることはできません。心理的に離れていたいという欲望は、危険や破壊の原因です。自分を主張する人はそれぞれ、自分自身の生存を脅かしているのです。

このことの真理が認められ理解されると、人間の責任は、彼の直接的な環境に対してだけではなく、あらゆる生き物に対しても、根本的に変化します。

この全面的な責任は〈慈悲〉です。慈悲は叡知を通して働きます。叡知は部分的でもなければ、個人的でもなく、別々に分離してもいません。慈悲は決して部分的ではありません。慈悲はあらゆる生き物の神聖さです。

15th November 1979

私たちの学校においてだけではなく、人間としても、〈一緒に働く能力〉について真剣に検討すべきです。自然と共に、地球の生き物と共に、他の人と共に働く能力についてです。

私たちは自力で、社会的存在として生きています。法律や政府や宗教はすべて、人間がバラバラに分離していることを強調します。それはここ数世紀のあいだに人々に広がった考えです。もし私たちが生き残りたいのなら、宇宙と協同し、海や地球上のあらゆるものと協同する精神が、ますます重要になってきます。

国家と国家、あるグループと他のグループ、ある家族と他の家族、ある人と他の人というように、分断化のもたらす破壊的な影響が現われているのを、あらゆる社会構造のなかに見ることができます。宗教的、社会的、経済的にも言えることです。

人はそれぞれ、自分のため、自分の学級のために、共同社会における自分の特定の関心事のために、努力しています。信念、理想、結論、偏見などの分裂は、協同の精神が開花するのを妨げてしまいます。私たちは人間存在であって、種族的存在、排他的で別々に分かれた存在ではありません。私たちは結論や理論や信仰にとらわれた人間です。私たちは生きている人間であって、レッテルではありません。私たちが他人を犠牲にして食べ物、衣服、家を捜し求めるのは、人間の情況がそうさせるのです。私たちの思考は分離をひき起こしますが、この限定された思考から起こるすべての行為は、協同を妨げるに違いありません。

現在のような経済的、社会的構造は、組織化された宗教も含めて、排他性と分離性を強化します。この協同の欠如は、最後には戦争と人間の破壊をもたらします。私たちが和解するように思えるのは、危機や災害のときだけであり、それらが終わると、私たちはもとの状態に戻ってしまいます。仲良く一緒に生活したり働いたりはできないように思われます。

この孤立化をもたらす攻撃的な過程が生じたのは、私たちの思考や感情の中心である脳が、昔の時代から必要に迫られて、自分自身の個人的な生き残りを求めるように、条件づけられてきたからなのでしょうか？　孤立化をもたらす過程が、家族や種族と結びついて、賛美されるナショナリズムになるからでしょうか？　あらゆる孤立化は、同一視と充足の必要性につながっていないでしょうか？　自我の重要性は、〈私〉と〈あなた〉、〈私たち〉と〈彼ら〉の間の対立的な展開を通じて培われたのではないでしょうか？　すべての宗教は、宗教的にも世俗的にも、個人的な救済、個人的な啓発、個人的な業績を強調したのではないでしょうか？　私たちが才能、専門化、業績、成功といったもの――すべて個々の分離性を強調します――を非常に重視するが故に、協同が不可能になったのでしょうか？　それとも人間の協同が、政府や宗教のある種の権威、あるイデオロギーや結論を中心にして、行なわれたからでしょうか？　そうするとそれらは必然的に、破壊的な敵対者をもたらすでしょう。

協同――〈協同〉という言葉ではなく、その精神ですが――とは、何を意味するのでしょうか？

もしあなた方が、内面において調和的でないのなら、精神的に苦しんだり矛盾したりしているなら、あなた方は他の人と協同したり、地球や水と協同することはできないでしょう。つまり自分自身が緊張し、プレッシャーや葛藤のもとにあるなら、協同することはできません。自分自身のこと、自分の問題、自分の野心などに関心があるとき、どうして万物と協同できるでしょうか？

もしあらゆる活動が自己中心的であったり、また心が自分の利己主義や、秘密の欲望や快楽でいっぱいになっていたら、協同はありえません。知性が思考と共にあらゆる行為を左右するかぎり、協同がありえないのは明らかです。なぜなら思考は部分的で、狭量で、永久に分裂を生み出すからです。協同は大変な誠実さを必要とします。誠実さには動機がありません。誠実さは理想や信仰ではありません。誠実さは清澄さ、すなわち物事を〈あるがまま〉に曇りなく知覚することです。知覚は注意です。この注意こそ、その全エネルギーでもって、観察されているものに光を投じます。知覚のこの光が、観察されているものに変容をもたらします。あなた方が協同を学ぶようなシステムなどはありません。協同は構造化されたり分類されたりすべきではありません。まさに協同の本質が「愛があるべきこと」と「愛は測定できるものではないこと」とを求めます。なぜなら比較――比較は測定の核心をなすものです――するときには、思考が入ってくるからです。思考があるところに、愛はありません。

さて、このことを生徒に伝えることができ、私たちの学校の教育者たちのあいだに協同がありうるでしょうか？　これらの学校は、新しい世代のためセンターです。新しい世代は、新しい見地、自分が世界の市民であるとの新しい感覚をもち、またこの世界のあらゆる生き物に関心をもっています。協同のこの精神をもたらすことは、あなた方の重大な責任です。

1st December 1979

〈叡知〉と〈知性の能力〉は、二つのまったく異なる事がらです。おそらくこれらの二つの言葉は、同じ語源から派生したのでしょうが、〈慈悲〉の完全な意味を明らかにするためには、二つの言葉の意味の違いを区別できなければなりません。

〈知性〉は、識別し推論する能力、イメージし幻想をつくる能力、明瞭に考えたり、また非客観的に、個人的な立場から考える能力です。知性は一般に、感情とは異なるものと考えられていますが、私たちは〈知性〉という言葉を「思考のための人間の能力全体」を表わすために用います。思考は、さまざまな現実的経験もしくはイメージによる経験を通して蓄積された〈記憶の反応〉です。その記憶は脳のなかに知識として蓄えられています。ですから知性の能力は、考えることです。考えることは、あらゆる情況のもとで限定されています。そして知性が、私たちの活動を外界の世界および内面の世界の両方において支配するときには、当然私たちの行為は部分的で、不完全であるに違いありません。それは後悔、不安、苦痛をもたらします。

あらゆる理論とイデオロギーは、本質的に部分的です。そして科学者、技術者、それにいわゆる哲学者が、私たちの社会、私たちの道徳——したがって私たちの日常生活——を支配するときには、私たちは決して、実際に起こっていることのリアリティに直面していません。こうした影響は、私たちの知覚、私たちの直接的理解を、色で染めてしまいます。正しい行為と同じく悪事に対しても、説明を見つけ出すのは知性です。知性は不正行為、殺害、戦争を合理化します。それは善を、悪の正反対のものとして定義します。しかし善には、反対のものはありません。もし善が悪に関係しているのなら、善はそのなかに悪の種子を有していることになるでしょう。そうなると、それは善ではなくなります。しかし知性は、それ自体の分裂させる能力のために、善の豊かさを理解することはできません。

知性すなわち思考は、いつも比較、評価、競争、模倣をしています。だから私たちは適合的になり、受け売りをするような人間になるのです。知性は人類に莫大な利益を与えました。しかし同時に、大きな破壊をもたらしています。それは戦争の技術を促進しましたが、人間同士の障壁をぬぐい去ることはできていません。不安は、傷つくことと同じく、知性の本質の重要部分です。なぜなら知性、すなわち思考は、傷つくこともあるイメージをつくるからです。

知性と思考について、それらの本質と動きの全体が理解できると、「叡知とは何か」について、探求を始めることができます。〈叡知〉は〈全体を知覚する能力〉です。叡知は感覚、感情、知性を、お互いに分裂させることはできません。叡知はそれらを、ひとつの単位の動きと見なします。叡知の知覚はいつも全体なのですから、人と人を分裂させたり、人間を自然に対立させたりできません。また叡知は、まさにその本質からして全体なのですから、殺害など不可能です。

ほとんどすべての宗教が「殺してはいけない」と言いますが、殺害を防いだことはありません。「生き物を含めて、地球上のものは人間が利用するためにあるのだ。だから殺し、滅ぼしなさい」と言った宗教さえあります。

楽しみのために殺すこと、商業のために、ナショナリズムのために殺すこと、イデオロギーや信仰のために殺すこと、これらはすべてひとつの生きかたとして認められています。私たちが地上の生き物、海の生き物を殺しているので、私たちはますます孤立し、その孤立のなかでますます貪欲になって、あらゆるかたちで快楽を追求します。知性はこのことを知覚するかもしれませんが、完全な行為は不可能です。愛と切り離せない叡知は、決して殺しません。

「殺さない」ということが、もし概念や理想であるのなら、それは叡知ではありません。叡知が私たちの日常生活のなかで働いていれば、それは私たちに「いつ協同すべきか」「いつ協同すべきでないか」を告げるでしょう。〈鋭敏さ〉こそまさに叡知の本質であり、愛なのです。

この叡知がなければ、〈慈悲〉はありえません。慈悲は慈善行為をしたり、社会改革をすることではありません。慈悲は感傷、ロマンチシズム、感情的な熱狂などからは自由です。慈悲は死と同じように強固です。それは巨大な岩のように、混乱や不幸や不安のまっただなかにあっても、不動です。慈悲がなければ、新しい文化や新しい社会が生まれることはできません。慈悲と叡知は、歩みを共にします。別々ではありません。慈悲は叡知を通して働きます。知性を通して働くことは、決してできません。慈悲は〈生の全体性〉の核心をなすものです。

15th December
1979

世界中の人間が、〈知性〉を私たちの日常生活でもっとも重要な要素のひとつにしました。人も言うように、古代ヒンズー教徒、エジプト人、ギリシャ人たちはすべて、「知性が生のなかでもっとも重要な役割を果たすのだ」と考えました。仏教徒ですら、それを重視しています。全体主義政権下であろうと、いわゆる民主主義においてであろうと、世界中のあらゆる大学、カレッジ、学校で、知性は支配的な役割を果たしてきました。

〈知性〉という言葉で私たちは、理解、識別、選択、熟考する能力、および近代科学のあらゆる技術を意味しています。知性の核心をなすものは、思考の動き全体ではないでしょうか？

思考は、外面的生と内面的生の両方で、世界を支配します。思考はまた、世界、あらゆる儀式、教義、信念をつくりました。思考はさらに、すばらしい建築様式をもった大聖堂、寺院、モスク、地方の聖堂などをつくりました。思考は、終わることなく発展し続ける科学技術に対して、戦争や兵器に対して、人々を国家や階級や民族に分裂させることに対して、責任があります。思考は、神や平和や秩序の名において、拷問をそそのかしてきましたし、おそらく今でもそうでしょう。革命、テロリスト、根本原則、実践的な理想に対しても責任があります。

私たちは思考によって生きています。私たちの行為は思考に基づいており、人間関係もまた思考に基礎を置いています。だから知性は、あらゆる年齢を通じて大事にされてきたのです。しかし、思考が自然を、すなわち星の広がる大空や、本当に美しい、広大な海と緑の大地をもつ地球をつくったのではありません。思考が木をつくったわけではありません。しかし思考は、家を建て、椅子をつくるために、木を使います。思考は使用し、破壊します。思考は愛、愛情、美の資質をつくることはできません。思考は幻想と現実とが入り混じった網を織ります。私たちが思考だけによって、すなわち非常に複雑で精妙な思考、目的と方向性をもった思考だけによって生きるなら、生の驚くべき深遠さを失います。なぜなら思考は薄っぺらなものだからです。思考は、あたかも深く掘り下げるかのように見せかけていますが、この思考機関は、それ自体の限界を超えて洞察することはできません。

思考は未来を心に描くことはできますが、その未来は過去を基盤にして生まれるのです。思考がつくりだしたものは、テーブルやあなたが大事にしているイメージのように、現実的であり、実在します。しかし、あなたが大事にしているイメージやシンボルは、思考によって組み合わされたものであり、ロマンティックな幻想、理想主義的な幻想、人道主義的な幻想など、多くの幻想を含んでいます。人間は、思考がつくりあげたもの――お金、身分、地位、お金がもたらすぜいたくな自由――を受け入れ、それらと共に生きています。これが思考と知性の全体の動きであり、私たちは生のこの小さな窓を通して、世界を見ているのです。

知性や思考の動きとは異なる、別の動きがあるのでしょうか? この問題は多くの宗教的、哲学的、科学的努力によって探求されてきました。〈宗教〉という言葉を使うとき、ナンセンスな信念、儀式、教義、階層組織の構造などを意味しているわけではありません。〈宗教的な男性〉あるいは〈宗教的な女性〉と言うときに意味しているのは、プロパガンダの世紀から解放された人たち、昔からの伝統や現代の伝統の不毛な重圧を免れている人たちのことです。

理論や概念に、さらに観念作用の追求に携わる哲学者たちは、思考の小さな窓を超えて探求することがどうしてもできません。同様に、並みはずれた能力をもつ科学者たち、おそらくオリジナルな考えをもち、莫大な知識をもつ科学者たちもできないことでしょう。

知識は記憶の貯蔵庫であり、それを超えたものを探求するためには、〈既知のもの〉から自由でなければなりません。いかなる束縛もなく、経験や結論に執着せず、自分自身に課すあらゆる物事にも執着しないで、探求する自由をもたなければなりません。知性は、思考が微動だにしない絶対的な静けさのなかで、じっとしていなければなりません。

私たちの教育は現在、知性、思考、知識を培うことに基礎を置いています。それらは、毎日の行為の分野では必要ですが、人と人との心理的関係においては、占めるべき場所がありません。なぜなら思考の本質は、分裂させ破壊することだからです。思考があらゆる活動、あらゆる関係を支配するならば、それは暴力、恐怖、葛藤、不幸に満ちた世界をもたらすでしょう。

私たちの学校では、若者であれ年配者であれ、全員がこのことに関心をもたなければなりません。

1st January
1980

ちょうど新しい年の始めにあたりますが、「生の物質的、生物的側面を無視するわけではないけれども、私たちは主として、生の心理的局面に関心をもっているのだ」ということを理解すべきです。人の内面的な在りかたが、結局はよい社会をもたらしたり、あるいは人間関係を徐々に悪化させたりすることでしょう。私たちは生の両方の局面にかかわっており、どちらか一方を優先するというわけではないのですが、それでも心理的局面、つまり私たちの内面的な在りかたが、私たちの行動や他の人との関係を指図します。

それが適切であろうとなかろうと、私たちは生の物質的局面、毎日の活動の方をはるかに重視して、より深くてより広い現実性の方は、まったく無視しているように思えます。ですから、「これらの手紙では、私たちの実存に、内から外へアプローチしているのであり、その逆方向ではないのだ」ということを、心に留めておいてください。たいていの人が、外界に関心をもっていますが、私たちの教育は、外界と内面の調和をもたらすことに関心をもたねばなりません。もし私たちの眼が外界だけに向けられているならば、調和を実現することはできないでしょう。

〈内面〉ということの意味は、思考のあらゆる動き、私たちの感情（道理にかなった感情や非合理な感情）、私たちのイメージ、信念と執着（幸福なものや不幸なもの）、矛盾をはらんだ密かな欲望、私たちの経験、嫌疑、暴力などです。秘められた野心、幻想、執着心、宗教への迷信、見たところ果てしない私たち自身のなかの葛藤などもまた、心理的構造の重要部分です。もし私たちがこうしたことに気づかなかったり、人間の本質のやむをえない一部分として受け入れるならば、その中で私たち自身が囚人になってしまうような社会を承認することになるでしょう。

ですからこのことを理解することは、本当に重要です。世界中のすべての生徒が、私たちの回りの混沌とした様子を見て、ある種の外面的な秩序に逃げ込もうとすることは確かです。しかし彼らは、内面がまったくの混乱状態にあるのです。彼らは自分自身を変えることなく、外界を変えようとします。しかし彼こそ無秩序の原因であり、その継続です。これは事実であり、個人的な結論ではありません。

したがって私たちは、私たちの教育において、無秩序の原因と継続を変えることに関心をもっています。社会をつくるのは人間であって、どこかの天にいる神々ではありません。ですから、生徒のことから始めましょう。

〈生徒〉という言葉は〈勉強する〉、〈学ぶ〉、〈行為する〉ことを意味します。書物や教師から学ぶだけでなく、自分自身について勉強し学ぶこと、それが基礎の教育です。もし自分自身については何も知らないで、ただ万物に関する多くの事実で心をいっぱいにしているのなら、それは単に無秩序を受け入れ、継続しているに過ぎません。おそらく生徒として、あなた方はこうしたことには興味がないでしょう。あなた方は楽しんだり、自分に興味のあることを追求したいことでしょう。またプレッシャーのもとでだけ勉強させられ、ある種の経歴にじっと向けられるまなざしによる、お決まりの比較や結果を受け入れるでしょう。それが、ごく当然とされているあなた方の基本的な関心です。なぜならあなた方の両親や祖父母も同じ道を、すなわち仕事、結婚、子ども、責任などを、たどって来たからです。

自分が安全であるかぎり、あなた方は、自分の回りで起こっていることをほとんど気にかけません。それが世界、つまり人間がつくった世界に対する、あなた方の現実の関係です。当面のことの方が、全体のことよりもはるかに現実的で、重要なのであり、きびしい要求をしているわけです。

あなた方や教育者の関心は、人間の存在の全体を理解することにあるのであり、またそうあるべきです。一部分ではなく、全体です。部分は単に、人間の物質的な諸発見についての知識でしかありません。

ですから、これらの手紙では、まず第一にあなた方生徒と一緒に、また、あなた方を援助する教育者と一緒に、自分自身を知ることから始めましょう。それがあらゆる教育の役割です。

　私たちは、そのなかですべての人間が幸せで平和的に、暴力がなく、安定して生きることのできるような、よい社会をつくる必要があります。あなた方は生徒として、このことに責任があります。よい社会が、ある理想、一人の英雄や指導者、注意深く計画されたシステムによって、生まれることはありません。あなた方が〈善〉でなければならないのです。なぜなら、あなた方が未来だからです。あなた方が世界を、今あるような世界にするか、それとも世界を修正するか、あるいは戦争や残忍な行為のない世界、あなた方と他の人たちとが、寛大さと愛情をもって生きることのできる世界にしていくのです。

　そこであなた方は何をしますか？　あなた方は問題を理解しましたね。それは難しいことではありません。それでは、あなた方は何をしますか？　もちろん、もしあなた方が、あまりに抑えつけられたり捻じ曲げられたりしていなければ——そうでないことが望まれますが——、あなた方のほとんどの人が直感的に親切、善良で、手伝いたいと思っていることでしょう。あなた方は何をしますか？

　もし教育者が有能であるのなら、教育者はあなた方を援助したいと思うでしょう。「自分自身についての勉強、自分自身についての学習、および行為すること」に関して、援助してくれるでしょう。そこで問題は、「そのときあなた方は、一体何を一緒にするのか？」ということです。この手紙はここまでにして、次の手紙で続けましょう。

15th January 1980

前回の手紙で述べていたのは、勉強し、学び、行為することの責任を指摘することでした。若くて、おそらく無邪気な人、騒ぎやゲームにふけっている人にとっては、〈責任〉という言葉はむしろぎょっとさせ、うんざりさせる重荷のように思えるかもしれません。しかしこの言葉は、世界に対する配慮と関心を意味するために、使っています。この言葉を使うとき、たとえ生徒たちが、この世界への配慮と注意を示していなくても、彼らはいかなる罪の意識も感じるべきではありません。「勉強して将来の生活のために準備すべきである」ということについて、生徒に対して責任を感じている両親たちも、もし生徒が両親の期待にこたえなくても、落胆したり悲しんだりはするかもしれませんが、罪の意識を感じることはありません。

「〈責任〉という言葉を使うときに、罪責感があってはならない」ということを、はっきりと理解すべきです。この言葉を使うときには特に注意して、義務といった、言葉のもつ不幸な重圧から免れるようにします。このことが明確に理解されるならば、〈責任〉という言葉を、それがもつ伝統の重荷なしに用いることができます。ですからあなた方は、勉強し、学び、行為するという責任をもって、学校に来ているのです。それが教育の主要な目的です。

前回の手紙で、「自分自身について、自分と世界との関係について、あなた方は何をしますか?」と尋ねました。既に述べたように、教育者や教師もまた、あなた方が自分自身や世界について理解するのを、手助けする責任があります。私たちがこの質問をするのは、あなた方が自分で、あなた方の反応が何であるのかを突き止めるためです。それは、あなた方が答えなければならない問いかけです。あなた方は、自分自身から、つまり自分自身を理解することから、始めなければなりません。

そのことと関連して、最初のステップは何でしょうか? 愛情ではないでしょうか? おそらく若いときには、あなた方はこの資質をもっていることでしょう。しかし、すぐにそれを失うように思われます。何故でしょうか?

勉強のプレッシャー、競争のプレッシャー、勉強によってある地位にまで到達しようとするプレッシャー、自分を他人と比較するプレッシャー、ひょっとすると他の生徒たちにいじめられるのではないかというプレッシャーなどのためではないでしょうか? これらの多くのプレッシャーはすべて、あなた方が自分のことに関心をもつようにさせるのではないでしょうか? そしてあなた方が自分のことに非常に関心をもつようになると、どうしても愛情の資質を失ってしまいます。「情況、環境、あなた方の両親のプレッシャー、適合へ駆り立てるあなた方自身の衝動などが、どのようにして生の巨大な美しさを、徐々にあなた方自身の小さな輪の範囲に狭めてしまうのか」を理解することは、とても重要です。そしてもしあなた方が、若いうちにこの愛情を失うならば、心と精神が硬化してしまいます。腐敗なしに、一生を通じてこの愛情を保つのは、非常に稀なことです。ですから愛情こそ、あなた方が最初にもたなければならないものです。

愛情が意味するのは〈配慮〉、つまりあなた方が行なっていることへの細やかな配慮であり、あなた方の話や服装や食べるときのマナーについての配慮、自分の体をどのように気をつけているか、優劣の区別なく自分の行動に配慮すること、人々のことをどのように思いやっているのかということです。

〈礼儀正しさ〉は他の人に対する〈思いやり〉であり、この思いやりは、それが自分の弟に向けられたものであろうと最年長の姉に向けられたものであろうと、〈配慮〉することです。あなた方が配慮しているときには、いかなるかたちの暴力――あなた方の怒り、敵意、傲慢――も、あなた方からは消えています。この配慮は〈注意〉を意味します。注意は、見守ること、観察すること、聞くこと、学ぶことです。

書物から学べることも多くありますが、しかし非常に明瞭で速やかな、いかなる無知もない学習があります。注意は鋭敏さを意味しますが、鋭敏さは、無知を伴ういかなる知識も与えることのできないような、知覚の深遠さを与えます。あなた方はこのことを書物のなかにおいてではなく、教育者の助けによって勉強しなければなりません。あなた方の回りで起こっている事がらを観察することを学ばなければなりません。すなわち、世界で起こっていること、生徒仲間に起こっていること、あの貧しい村やスラムのなかで起こっていること、あの汚い通りの途中で争っている男に起こっていること、それらを観察することを学ぶのです。

〈観察〉は習慣ではありません。それは、機械的に行なうために、あなた方が自分を訓練するようなものではありません。それは興味、配慮、鋭敏さをもった新鮮なまなざしです。自分を訓練して鋭敏になることはできません。

繰り返しますが、若いときには鋭敏で、知覚も速やかなのですが、年をとると衰えます。ですからあなた方は、自分について勉強しなければなりません。多分あなた方の教師が助けてくれるでしょう。もし助けてくれなくても、たいした問題ではありません。なぜなら自分について勉強することは、あなた方の責任だからです。

ですから、自分が何であるか学びなさい。そしてこの愛情があれば、あなた方の行為はその純粋さから生まれることでしょう。こうしたことはすべて非常に難しく聞こえるかもしれませんが、そうではありません。私たちは、生のこの側面をすべて無視してきました。あまりにも自分の経歴や自分の快楽、自分の重要性に関心をもっているので、愛情の偉大な美しさを無視してしまうのです。

いつも心に留めておかねばならない二つの言葉があります。〈勤勉〉と〈怠慢〉です。私たちは勤勉に、書物や教師から知識を獲得することに意を注ぎ、人生の二十年かそれ以上の年月をそれに費やしていますが、自分の生のより深い意味の勉強は無視します。私たちは内面と外界の両方をもっています。内面は外界よりも多くの勤勉さを必要とします。それは差し迫った必要事項であり、この勤勉さは、自分が何であるかについての愛情のこもった勉強です。

1st February
1980

〈残酷さ〉は伝染する病のようなものであり、人はそれに対して自分をしっかり守らなければなりません。ある生徒たちは、とくにその病に感染しているように思われます。彼らはなんらかの方法を用いて、他の生徒たちを次第に支配します。多分彼らは、それがとても男らしいと感じるのでしょう。それというのも彼らの年長者たちが、しばしば言葉、態度、しぐさ、傲慢さにおいて、残酷だからです。この残酷さは世界中に存在しています。生徒の責任――この言葉をどんな意味で用いているか、どうか思い出してください――は、どんなかたちの残酷さであっても、それを避けることです。

かつて何年も前のことですが、私はカリフォルニアの学校で話をするようにと招待されました。私が学校に入ろうとすると、十歳位の少年が、わなにかかって足の折れた大きな鳥を私に手渡そうとしました。私は立ち止まって、何も言わずに少年を見つめました。彼の顔は恐怖を表わしました。そして私が話を終えて出てきたときに、その見知らぬ少年は、目に涙をためて私の方にやって来て「もう二度としません」と言いました。彼は、「私が校長に話すのではないか」、「そのことで大騒ぎが起こるのではないか」と恐れていたのです。そして私がその残酷な出来事について、その少年にも校長にも何も言わなかったので、自分が行なったひどいことについて彼は気づき、それがその行為の非道さを自覚させたのです。

自分の活動に気づくことは重要です。そしてもし愛情があれば、いかなるときにも私たちの生のなかに残酷さの入り込む余地はありません。西洋諸国では、鳥が注意深く育てられて、後にそのシーズンになるとスポーツのために狙撃され、食べられてしまうことがあります。狩猟や小さな動物を殺す残酷さは、戦争や拷問と同じように、そしてテロリストや誘拐者の行為と同じように、私たちの文明の一部分になりました。私たちの親しい個人的な関係においても、たくさんの残酷さ、怒り、お互いに傷つけることがあります。世界は、そのなかで住むには危険な場所になりました。私たちの学校では、どのようなかたちの威圧も脅迫も怒りも、完全に避けなければなりません。なぜなら、こうしたことはすべて心と精神を硬化させますし、愛情は残酷さとは共存できないからです。

あなた方は生徒として、「どのようなかたちの残酷さも、自分の心を硬化させるばかりでなく、自分の思考を誤らせ、行為を歪めるものだ」ということを自覚することがどれほど重要であるか、分かるでしょう。心と同じように、精神も繊細な機関であり、敏感で、とても有能です。そして残酷さと抑圧とが精神に及ぶときには、自我が硬化します。愛情、愛は、自我のようには、中心をもちません。

さて、これを読み、これまで述べてきたことを理解して、あなた方はそれについて何をしますか? あなた方は述べられたことを勉強しましたね。あなた方はこれらの言葉の内容を学んでいます。では、あなた方の行為はどうでしょうか?

あなた方の応答は、単に勉強して学ぶことではなく、行為することでもあります。私たちはたいてい、残酷さのすべての含意と、残酷さが外界と内面の両方で実際に行なうことを知っていますし、それに気づいていますが、何もせずにそのままにしています。考えることと行なうことがまさに逆なのです。これは多くの葛藤を生むばかりでなく、偽善をも生みだします。たいていの生徒は偽善者であることが好きではありません。彼らは事実を見るのが好きです。しかし彼らは常に行為するとは限りません。ですから生徒の責任は、残酷さの事実を見ること、そしていかなる説得やおだてもなしに、意味されていることを理解し、それについて何かをすることです。その行ないは、おそらくより重大な責任です。

一般に人々は、日常生活とはまったく無関係な観念や信念をもって生きています。だからそれが偽善になるのです。したがって「偽善者であってはいけない」ということは、「粗野で、攻撃的で、多分に批判的でなければならない」ということを意味するわけではありません。愛情があれば、そこには必ず、偽善のない礼儀があります。

勉強し学んだ教師、そして生徒に向かって行為する教師の責任は、何でしょうか？　残酷さには、多くのかたちがあります。顔つき、しぐさ、鋭い批評、とりわけ比較がそうです。教育システム全体は、比較に基づいています。AはBよりも優れている。だからBはAに従わねばならない。あるいはAを模倣しなければならない。これは本質的に残酷なことであり、最終的には試験が、その表われです。これが本当のことであると分かっている教育者の責任は、何でしょうか？

「生徒の能力を示す何らかの成績表がなければならない」ということを知りつつ、教育者はどうやって賞罰なしに、ある教科を教えるのでしょうか？　教師にそれができるでしょうか？　それは愛情と両立できるでしょうか？　もし愛情の中心的な現実がそこにあるのであれば、比較の入り込む余地が一体あるのでしょうか？　教師は本来、比較する苦痛を排除できるでしょうか？　私たちの文明全体が、外部的にも内部的にも深い愛情の気持ちを否定するような、階層的な比較に基礎づけられています。私たちは自分の精神から、〈もっとよい〉〈もっと多く〉〈愚かな人〉〈利口な人〉といった、この比較による思考全体を排除できるでしょうか？　もし教師が比較することの苦痛を理解するのであれば、彼が教え、そして行為することにおいて、何が彼の責任なのでしょうか？　比較することの苦痛の意味を本当につかんだ人は、叡知に基づいて行為しているのです。

15th February 1980

すべての手紙において、「教育者と生徒の協同は、両者にとっての責任である」ということを、絶えず指摘してきました。〈協同〉という言葉は、〈一緒に働く〉ということを意味します。しかしもし私たちが、同じまなざしと同じ精神でもって、同じ方向を見ているのでなければ、一緒に働くことはできません。私たちが使っている〈同じ〉という言葉は、決して画一性、適合、受け入れ、服従、模倣を意味するわけではありません。お互いの協同、一緒に働くことにおいては、生徒と教師は、本質的に愛情に基づく関係をもたなければなりません。

たいていの人々が協同するのは、何かを建設するとき、ゲームをするとき、科学研究に参加するときであり、またある個人的もしくは集団的な利益のために持ち出された理想や信念や概念のために、一緒に働くときです。あるいはまた、宗教的あるいは政治的な権威者の回りで協同します。

勉強し、学び、行為するために、教師と生徒の協同が必要です。これらのことには、双方がかかわっています。教育者は多くの問題や事実について知っているでしょう。それを生徒に伝えるとき、もし愛情の資質がなければ、双方の間の戦いになります。

しかし私たちは、この世俗的な知識に関心をもっているだけではありません。そこに学習も行為も含まれている、〈自分自身についての勉強〉にも関心をもっています。これには教育者も生徒もかかわっているのです。そしてここでは、権威というものはなくなります。自分自身について学ぶためには、教育者は彼自身に関心をもつだけでなく、生徒にも関心をもちます。その反作用との相互作用において、人は自分の本質——思考、欲望、執着、同一視など——が、分かってきます。

人はそれぞれ、相手に対する鏡として、行為しています。つまり各自が、相手の行為という鏡の中に、まさに自分の〈あるがまま〉を観察しているのです。なぜなら、以前にも指摘したように、諸事実を集めたり、行為する際の技能のためにそれらを知識として蓄えたりすることよりも、自分自身の心理的理解の方が、はるかに重要だからです。

内面はいつも、外界に打ち勝ちます。このことは、教育者にも生徒にも、はっきりと理解されなければなりません。外界は人間を変えませんでした。すなわち外界の活動、物質的な革命、環境の物質的なコントロールは、人間や、彼の偏見や迷信を、徹底的に変えることはありませんでした。人間は深いところでは、何百万年もの間、同じままなのです。

正しい教育は、この基本的な条件を変えることにあります。このことが教育者によって本当に捉えられるならば、彼には教えるべき教科があるかもしれませんが、彼の主要な関心は、魂の変革、〈あなた〉と〈私〉における根本的な変革でなければなりません。

そしてここにおいて、一緒に勉強し、学び、行為している者双方の協同が重要になります。それはチームの精神、家族の精神といったものではありませんし、グループや国家との同一視でもありません。それは、知っている人と知らない人との間の障壁なしに、自分自身について自由に探求することです。知っている人と知らない人との間の障壁は、もっとも破壊的な障壁であり、特に自我を知ることに関して、そうなのです。

この事がらについては、指導する者も指導される者もありません。このことが十分に捉えられ、そして愛情があるなら、生徒と教師のコミュニケーションは容易になり、明白になります。そして単に言語のレベルにとどまりません。愛情はいかなるプレッシャーも伴いません。まわりくどいものでもありません。それは直接的で、シンプルです。

これらのことすべてを述べてきて、もしあなた方の双方が述べられたことを勉強したのであれば、あなた方の精神と心の資質はどうなっているでしょうか？　影響や単なる刺激は、「変化した」という錯覚を与えるかもしれませんが、そうしたものによっては生じることのない変化が、起こったでしょうか？

刺激は麻薬のようなものです。それは次第に効果が減じていき、あなた方は元いた場所へ戻ってしまいます。プレッシャーあるいは影響も、それがどんなかたちであっても、同じような仕方で作用します。もしこうした情況のもとであなた方が行為するのであれば、あなた方は実際には、自分自身について勉強したり学んだりしてはいないのです。賞罰に基づいた行為、影響やプレッシャーに基づいた行為は、必然的に葛藤をもたらします。その通りなのです。しかしこれが本当のことなのだと分かる人々は、ほんのわずかです。ですから人々は諦めたり、「それは実際の世界では不可能だ」「それは理想主義的だ、ユートピアのような考えだ」と言ったりします。しかし違います。それはすぐれて実際的で、実行可能です。ですから伝統主義者や保守主義者に、あるいは「変化は外界からのみ生じる」という幻想に執着する人に、はぐらかされないようにしてください。

自分自身について勉強し学ぶときには、清澄さに基づいて、並みはずれた強さがあらわれます。そしてあらゆるナンセンスな制度に耐えることができます。この強さは、抵抗あるいは自己中心的な頑固さや意志といったかたちをとりません。外界と内面の入念な観察です。それは愛情と叡知の強さなのです。

1st March
1980

あなた方は各自、自分のバックグラウンドをもって、私たちの学校へ来ています。そのバックグラウンドというのは、伝統的なものであったり、自由なものであったり、規律を伴うもの、規律を伴わないもの、従順か不承不承か、もしくは言うことをきかないで、さらに反抗的かそれとも適合的であったりします。

あなた方の両親は、あなた方に対して無頓着であるか、非常に気をつかっているかです。非常に責任を感じている両親もいれば、そうでない両親もいます。あなた方のなかには、こうした問題を抱えたり、家族が崩壊したりしている人、不安定な状態の人や断定的な人、自分の思いどおりにしたい人、また内気で同意しているように見えて内面的には離反している人などがいることでしょう。

私たちの学校では、あなた方は自由です。すると、あなた方若い人の生活に大変な混乱が起こります。あなた方は事を望みどおりにしたいでしょうが、なんでも自分の望みどおりにできる人は世界中のどこにもいないのです。このことを真剣に理解しなければなりません。あなた方は、事を望みどおりにすることはできないのです。このことを理解し納得したうえで、適応することを学ぶのか、それとも自分が入っていく新しい環境によってくじけてしまうのか、どちらかです。このことを理解することは大切です。

私たちの学校では、教育者がていねいに説明しますし、あなた方は彼らと討論したり対話したりして、なぜある事がらが行なわれなければならないのか分かるでしょう。教師と生徒による小さな共同体で生活するときには、お互いによい関係をもつこと、つまり友好的で愛情にあふれ、思いやり深い理解の資質を備えた関係をもつことが必要です。

規則が好きな人はいません。特に今日のような自由な社会に生きている人には、誰もいません。そしてもしあなた方や大人の教育者が、「いくつかの規律は必要である」ということを、言葉や知的な理解だけでなく、心で理解するならば、規則はまったく不要になります。〈規律〉という言葉は、権威主義者によってだめにされてしまいました。どんな技能もそれ自体の規律、技術というものがあります。〈規律 discipline〉という言葉は、〈弟子 disciple〉という言葉、すなわち〈学ぶこと〉から来ています。それは、適合や反抗ではなく、自分の反応、バックグラウンド、限界について学び、それらを超えていくことです。

学習の核心は、定点のない、絶えざる動きです。もしその定点が偏見、意見、結論になって、あなた方がこの不利な条件から出発するのであれば、あなた方は学ぶことをやめてしまいます。

学習は無限です。絶えず学んでいる精神は、あらゆる知識を超えています。ですからあなた方がここにいるのは、コミュニケートするためと同様、学ぶためでもあります。コミュニケーションは、たとえその言葉がどんなに明瞭で明快であっても、単なる言葉の交換ではありません。もっと深いものです。コミュニケーションはお互いから学ぶこと、お互いに理解することです。そしてそれは、もしあなた方が、ささいな行為、あまりよく考えずに行なった行為について、特定の立場をとるときには、終わってしまいます。

若い人には、適合へ駆り立てる衝動、適合から外れていると感じたくない衝動があります。適合の本質と含意を学ぶことは、それ自体に特有な規律をもたらします。〈規律〉という言葉を使うときには、「生徒と教育者の双方が学習の関係のなかにあるのであり、断言と受け入れの関係にあるのではない」ということを、いつも心に留めておいてください。このことがはっきり理解されるなら、規則は不要になります。このことが明白でないときには、規則がつくられなければなりません。規則に対してあなた方は反発するかもしれません。何をすべきであり、何はすべきでないと命じられることに対して、反発するかもしれません。しかしあなた方が学習の本質をすぐに理解すれば、規則は概して消え失せてしまいます。「べし、べからず」という規則をつくるのは、頑固で独断的な人だけです。

学習は好奇心から生まれるのではありません。あなた方はセックスについて好奇心があるかもしれませんが、その好奇心は快楽、ある種の興奮、他の人のとる態度に基づいています。同じことは飲酒、麻薬、喫煙にもあてはまります。学習はもっとはるかに深く、広大です。あなた方は万物について学習しますが、それは快楽や好奇心からではなく、世界に対するあなた方の関係からなのです。私たちは学習を、それが社会の要求であるのか、それとも自分の個人的な好みであるのかに基づいて、別のカテゴリーに分けました。

今語っているのは、〈何かについての学習〉ではなく、進んで学習しようとする〈精神の資質〉なのです。あなた方はどのようにしたらよい大工、庭師、技術者になれるか、学ぶことができます。そしてあなた方がこれらの技術を獲得したときには、あなた方は精神を、仕事に必要な手段のなかに狭く限定してしまうことになるでしょう。その手段は、あるパターンのなかで、おそらく技術的な役割を果たすことができます。それが学習と呼ばれているものです。それはある経済的な安定を与えてくれますが、多分それが人の望むすべてなのです。したがって私たちは、求めるものを与えてくれるような社会をつくるのです。しかし、〈何かについての学習〉ではなく、〈学習への特別な資質〉があるときには、永遠に生き生きした精神と、それにもちろん心とを有しています。

規律は統制や征服ではありません。学習は注意を意味します。それは勤勉であることです。決して学ばないというのは、怠慢な精神だけです。怠慢な精神は、浅薄で不注意で無関心なときには、無理に受け入れようとします。勤勉な精神は活動的に見守ったり、観察したりしていますので、決して受け売りの価値や信念に陥ることはありません。

学んでいる精神は、自由な精神です。自由は、学習への責任を要求します。自分の意見にとらわれた精神、ある知識に固定化した精神も、自由を要求するかもしれません。しかしそのような精神が意味する自由は、それ自身の個人的な態度や結論の表現でしかありません。そしてそれが邪魔されたときには、自己充足を強く要求するのです。自由には、充足の意味などありません。それは自由なのです。

ですからあなた方が私たちの学校へ、あるいは実際どんな学校へ来るときにも、学習へのこの洗練された資質がなければなりません。それと共に大いなる愛情の気持ちが働きます。あなた方が本当に愛情あふれているときにこそ、あなた方は学んでいるのです。

訳者あとがき

本書は、*J. Krishnamurti: Letters to the Schools, Volume one*, Krishnamurti Foundation Trust, 1981. の全訳である。本文でも触れられているように、クリシュナムルティが創立したイギリス、インド、アメリカにある学校に宛てて出された彼の手紙が、本書の内容になっている。教育や学校のありかたについて、その制度や内容や方法のレベルではなく、人間存在そのものの探求に関連させながら、彼の見解が述べられている。

クリシュナムルティが学校に求めるものは、知識の伝達、よい経歴やよい職業を得るための教育ではない。それらはあくまで二次的な目的である。生徒も教師も、その人間の全体性において〈開花〉すること、すなわち〈善性の開花〉こそ、学校の目的である。普通このように言われると、「現実を見ないで、高い理想だけを勝手に主張する、無内容な抽象論ではないか」と警戒してしまうが、そうではない。まったく逆である。

〈理想〉が、現実や〈あるがまま〉を歪め、事実から回避するものでしかないことを、クリシュナムルティは繰り返し述べている。それというのも、私たちがもっとも重視している〈思考〉が、過去の記憶や知識や伝統に条件づけられて、理想やイメージや概念などを作りあげるからであり、その理想やイメージのなかに私たちが迷い込んでしまっているからである。理想や〈かくあるべし〉を現実に押しつけたり、イメージや欲望によって現実を着色したり、事実から離れるのではなく、現実に起こっていることの〈純粋な観察〉〈観察者のいない観察〉こそ、学校で、そして人生を通じて学ぶべき学習なのだ。これがクリシュナムルティの教えであり、訳者がもっとも魅力を感じるところである。

しかし、〈純粋な観察〉とは何だろうか。頭では理解できた気になっても、はなはだ心もとない。なぜなら、それは、人間存在そのものの変容を意味するからである。すなわちそれは、精神が〈私〉から自由になること、〈ひとりの分離した人間〉として〈他の人との分裂的な関係〉を持つのではなく、「あなたは世界なのだ」という〈関係〉の在りかたを理解すること、叡知に目覚めることを意味しているのだ。

クリシュナムルティはここで、貴重なヒントを与えてくれる。事実そのものを観察するのと同じように、自分の思考の動き全体を観察することである。思考を観察すると、思考は自然に静まり、思考による支配から精神は解放される。だが、このヒントも、実行するとなると、途方もないことのように思えてくる。一瞬一瞬、絶えず思考の動きに気づくことなど、可能なのか。それは私たち自身が、自らの課題として、持ち続けるしかないのではないだろうか。

さて、〈学校〉と言えば、日本の学校は今日、大きな転換期を迎えている。明治初期に始まった学校教育制度であるが、いじめ、登校拒否などの深刻な問題と並んで、授業の不成立、勉学意欲の衰退、教師 生徒間の権威的関係の解体、ひいては学校そのものへの不信などが、これまでの学校制度の根底からの見直しを求めている。まさにクリシュナムルティが指摘するように、学校は、知識の伝授や学歴の場という在りかたから、人間全体の形成の場として再生する必要があるだろう。単なる制度的な改革だけで、それが実現するとは思われない。「人間とは何か」「生とは何か」という問いに結びついた真摯な探求が、私たち一人一人に課せられていると言えるのではないだろうか。

本書が、子どもを持つ親や学校関係者ばかりでなく、「生きるとは何か」「自分とは何か」について、また、悲惨な世界や混乱した人類の現状について、深く考えてみたいという方々の一助になれば幸いである。最後に、本書の出版にあたりお世話になったユニオ・コーポレーションの萩森敏裕氏と、西永佳弘氏に、心からお礼を申し上げたい。

1997年9月

古庄　高

ジッドゥ・クリシュナムルティ Jiddu Krishnamurti

1895年5月，南インドのマドラス近郊に生まれる。14歳のとき，神智学協会の要人により〈世界教師〉の候補者として見いだされ，さまざまな教育をうけたのち，彼のために用意された〈星の教団〉の指導者となるが，「真理は道なき大地であり，どのような宗教宗派によっても近寄ることはできない」と宣言し，34歳で同教団を解散。以後，数多くの講話・著作・対話を通じて，「人間を絶対的に，無条件に自由にすること」にその生涯をささげた。1986年2月，90歳で逝去。

● ● ●

訳者：古庄　高（ふるしょう　たかし）

1948年　大分県に生まれる
1976年　京都大学大学院教育学研究科博士課程修了
現　在　神戸女学院大学文学部教授
著　書　『幼児教育の基礎と構造』（共著、ミネルヴァ書房）、『臨床教育学』（共著、アカデミア出版）ほか

学校への手紙

1997年11月10日　初版　第1刷
2016年 8月30日　第2版第1刷

著　者　J・クリシュナムルティ
訳　者　古庄　高

発行所　UNIO
〒602 京都市上京区寺町今出川上ル桜木町 453-12
電話 (075)211-2767　郵便振替 01050-2-36075
発売元　(株)星雲社
〒112-0005 東京都文京区水道 1-3-30
電話 (03)3868-3275　FAX (03)3868-6588

ISBN978-4-434-22316-7 C0010

クリシュナムルティの既刊本

瞑　想 ——瞑想をわかりやすく語るクリシュナムルティの言葉集

あなたが注意をはらえば、完全な静けさがおとずれます。その注意のなかには、どんな境界もありません。中心となるものもありません。気づいているわたしとか、注意をはらっているわたしのようなものはありません。この注意、この静けさ、それが瞑想の状態です。

［訳］
中川 吉晴
四六判／120 頁
本体 1200 円＋税

クリシュナムルティ著述集・第1巻

花のように生きる— 生の完全性

第 1 次世界大戦後の混沌とした時代のなかで、「星の教団」の指導者となったクリシュナムルティは、人々の指導やそのための組織に疑問をもち、これを解散し、一私人として人々と対話を始めました。本書は、その初期の対話集です。

［訳］
横山 信英
藤仲 孝司
四六判／560 頁
本体 2600 円＋税

クリシュナムルティ著述集・第4巻

静けさの発見— 二元性の葛藤を越えて

第二次世界大戦からインド独立までの激動の時代（1945 ～ 1948)、「完全な覚醒が訪れた」と、クリシュナムルティ自身が述べた時期の講話集。訳注、索引付。

［訳］
横山 信英
藤仲 孝司
内藤　晃
四六判／696 頁
本体 3600 円＋税

クリシュナムルティ著述集・第8巻

智恵からの創造—条件付けの教育を超えて

『子供たちとの対話』とならぶ、珠玉の講話集！
何かに慣れることは、それに鈍感になることです。そのとき精神は、鈍く、愚かです。教育の機能は、精神が敏感で思慮深くあるのを助けることです。いつも新鮮な感受性をもって生きる、これにはたいへんな理解が必要です。

［訳］
藤仲 孝司
横山 信英
三木 治子
四六判／540 頁
本体 2500 円＋税

知恵のめざめ—悲しみが花開いて終わるとき

無限の可能性を内包し、わたしたちのありのままの姿を明らかにするクリシュナムルティのことば。独自の言葉で展開される彼の対話をそのまま再現するため、編集前の書き下ろし版を用いて訳した価値ある翻訳本。訳注、索引付。

［訳］
小早川 詔
藤仲 孝司
四六判／349 頁
本体 2200 円＋税

明日が変わるとき—クリシュナムルティ最後の講話

明日のあなたは、今あるあなたです。今、変化しないならけっして変化しないでしょう。クリシュナムルティの最後の講話・対話をそのまま再現する書き下ろし版にもとづく翻訳本。国立ロス・アラモス研究所での講話、訳注、索引付。

［訳］
小早川 詔
藤仲 孝司
四六判／448 頁
本体 2500 円＋税

生の書物

あなたは人類の物語であり、自分自身においてそのすべてを読める書物です。その読み方が分かれば、葛藤・抗争・苦労のすべてが、終わりになるのです。（目次：1．生は関係と行為である　2．生の書物　3．欲望、楽しみ、悲しみと死、4．精神の壮大さ)

［訳］
藤仲 孝司
内藤　晃
四六判／80 頁
本体 750 円＋税